ISBN : 978-2-01-227505-8 – Dépôt légal : septembre 2012.
Achevé d'imprimer en septembre 2012 par Europrinting S.p.A. en Italie.
Loi n° 49-956 du 16 juillet 1949 sur les publications destinées à la jeunesse.

Mes 15 plus belles histoires de danse

présentées par Agnès Letestu

danseuse Étoile
de l'Opéra de Paris

hachette
JEUNESSE

Photo : Sveeva Vigeveno

Mes 15 plus belles histoires de danse

J'ai commencé à danser à 8 ans et je ne me suis jamais arrêtée depuis...
J'ai aimé toutes les étapes qui m'ont conduite du statut de simple « petit rat » à celui tant espéré d'Étoile.
La danse est à la fois un art et un mode de vie, et je suis heureuse de partager avec vous ces 15 plus belles histoires de danse.
Chacune vous donnera un éclairage différent sur la magie, la grandeur, la fascination de ce métier, mais aussi sur ses difficultés, ses exigences, sa cruauté parfois...
Travailler, se discipliner, se connaître, chercher à comprendre les sentiments au plus profond de soi pour pouvoir les donner à vivre aux autres à travers un personnage : apprendre à danser, c'est finalement apprendre à vivre.
J'espère que ce livre lèvera pour vous un petit coin du voile et vous fera entrevoir les mystères et les joies de ce qui est pour moi le plus beau des métiers.

Sommaire

Le Lac des cygnes *est, sans hésiter, mon ballet fétiche. C'est après l'avoir vu à la télévision avec Margot Fonteyn et Rudolph Noureev que j'ai décidé de commencer la danse. C'est le premier grand ballet classique que l'on m'a donné la chance de danser alors que je n'étais que sujet (plus haut grade dans la hiérarchie du corps de ballet de l'Opéra).*

C'est à l'issue d'une représentation du Lac des cygnes *où j'interprétais le rôle d'Odette/Odile que j'ai été nommée danseuse Étoile. L'interprétation du rôle principal est très riche et complexe puisqu'il faut passer du cygne blanc qui incarne la pureté et l'amour idéal dont rêve le prince, au cygne noir maléfique, calculateur, au charme vénéneux…*

On peut dire que ce ballet me suit comme un ange gardien et que j'ai toujours autant de plaisir à le danser.

Le Lac des cygnes

de Audrey Alwett

d'après le ballet de Piotr Ilitch Tchaïkovski

Illustrations de Alexandra Petracchi

Le Lac des cygnes

C'était une bien belle arbalète, idéale pour aller chasser. Sa mère venait de la lui offrir, mais Siegfried ne parvenait pas à se réjouir. Jusqu'ici, son anniversaire s'était déroulé dans un faste princier, ce qui était la moindre des choses puisque Siegfried était prince. On avait mangé et dansé toute la journée. Tout s'était déroulé dans la bonne humeur, jusqu'à ce que la reine vienne le voir :

– Heureux anniversaire, Ô mon fils. J'espère que cette fête est selon ton goût. Y as-tu fait la connaissance de quelque charmante héritière ? Je te rappelle que tu devras choisir une fiancée lors du bal qui sera donné demain en ton honneur, car j'entends bien te marier au plus vite !

Or, Siegfried n'avait pas du tout envie d'épouser la première princesse venue et le discours de sa mère lui gâchait la fête.

Le soleil couchant avait peint le ciel en or, il ferait bientôt nuit. Soudain, un frisson fit trembler les airs. Siegfried leva la tête. C'était un vol de cygnes qui fendaient les nuages de leurs longues ailes blanches. Siegfried caressa son arbalète.

– Après tout, se dit-il, puisque demain je serai prisonnier – car c'est ainsi qu'il imaginait son mariage – autant profiter de ma dernière nuit de liberté !

Et sans prévenir personne, il s'en alla vers la forêt. Les cygnes se poseraient certainement sur le lac pour dormir. Il leur tendrait une embuscade.

La lune s'arrondissait et les étoiles s'allumaient, comme autant de paillettes sur la robe noire du ciel. Les chouettes hululaient timidement pour saluer la fin du jour et Siegfried se déplaçait à pas de loup dans les roseaux. Son arbalète était chargée.

– Si j'abats un cygne cette nuit, songeait-il, j'offrirais une cape de plumes à ma mère.

Tout à coup, un puissant froufrou se fit entendre. Les cygnes arrivaient ! Ailes déployées, ils se posèrent sur le lac, puis glissèrent sur le miroir d'eau jusqu'à la berge. Siegfried brandit son arbalète et visa le cygne le plus blanc, le plus gracieux, le plus majestueux.

Il allait tirer, quand l'oiseau s'ébroua. Son plumage fit jaillir une brume scintillante de gouttelettes d'eau et la bouche de Siegfried forma un large O : à la place de l'oiseau, une magnifique demoiselle était apparue. Et elle n'était pas la seule ! Tous les autres cygnes s'étaient eux aussi métamorphosés en jeunes filles. Elles étaient vêtues de blanc et portaient des parures de plumes.

Le prince sortit de sa cachette et les interpella :

– Mesdemoiselles ?

Effayées, elles esquissèrent un mouvement de recul, mais bien vite, les belles manières de Siegfried les rassurèrent. L'une d'elles portait un diadème de diamants et semblait être leur reine. Le prince reconnut en elle le cygne qu'il avait failli abattre. Il mit un genou en terre.

– Je m'appelle Siegfried, dit-il. Et vous, qui êtes-vous, belles dames ? Seriez-vous des anges égarés ?

La demoiselle au diadème eut un sourire triste.

– Des anges ? Hélas, non ! Je m'appelle Odette et telles que vous nous voyez, nous sommes toutes prisonnières du sorcier Rothbart. Pour nous garder sous son emprise, il nous a jeté un sort : chaque matin nous nous changeons en cygnes, et il n'y a que la nuit que nous retrouvons notre apparence humaine.

– C'est terrible ! Mais cette malédiction ne peut-elle être rompue ?

– Ce serait difficile, souffla Odette tout bas, comme si elle craignait d'être entendue. Seul l'amour pur et sincère d'un homme nous délivrerait de notre triste condition…

Alors qu'elle prononçait ces paroles, les étoiles du ciel s'éteignirent et un vent mauvais manqua d'arracher les parures de plumes des jeunes filles.

– Oh non, s'exclama Odette avec angoisse. Il arrive ! Rothbart arrive ! Fuyez avant d'être maudit à votre tour, Siegfried, car c'est un sorcier horrible !

Cependant, le prince considérait qu'il était sur ses terres et que ce n'était sûrement pas à lui de déguerpir. Ce fut donc avec un certain mépris qu'il vit le noir enchanteur se matérialiser sous son nez. Il y avait pourtant de quoi trembler, car le visage de Rothbart semblait sculpté dans les ténèbres et partout où son regard se posait, la lumière fuyait.

– Qui ose s'approcher de mes créatures ? gronda-t-il. Ces jeunes filles sont à moi !

– Et qui ose s'aventurer sur mes terres ? répliqua le prince. Ce lac est à moi !

Outré par tant d'insolence, le sorcier allait jeter un sort au prince, quand Siegfried dégaina son arbalète et – TCHAC ! – tira sur Rothbart. Ce dernier eut juste le temps de disparaître dans un tourbillon glacial avant d'être frappé par le carreau.

– Vous l'avez fait fuir !

Odette était stupéfaite.

– Oui, mais il pourrait revenir. Je ferais mieux de rester à vos côtés, ce serait plus sûr.

Bien sûr, c'était un prétexte, car Siegfried n'avait pas du tout envie de partir. Il trouvait Odette bien trop charmante.

Ils discutèrent longuement sous la lune. Soudain, la corde d'un violon se fit entendre. Peut-être un musicien invité pour l'anniversaire du prince s'était-il perdu dans la forêt ? En tout cas, la mélodie était si douce que Siegfried tendit la main à Odette pour l'inviter à danser. Alors, la magie se mit sans doute de la partie, car toute la nuit, ils dansèrent le plus doux des ballets. Leurs merveilleuses arabesques se reflétaient dans les eaux bleues du lac. Odette était plus légère qu'un nuage et Siegfried la faisait tournoyer dans ses bras avec une grâce infinie.

Ce fut le chant des oiseaux qui les interrompit : l'aurore approchait à pas feutrés. Siegfried réalisa que les secondes leur étaient comptées.

– Je vous aime, dit-il soudain à Odette.

Mais déjà, des plumes blanches poussaient sur la peau de son aimée. Juste avant qu'elle ne redevienne un cygne, Siegfried lui cria :

– Venez au bal du palais la nuit prochaine ! Nous danserons à nouveau ensemble et je vous choisirai comme fiancée, ainsi la malédiction sera levée !

Il prononça ces derniers mots devant un bel oiseau blanc qui, pour toute réponse, s'envola. Autour du lac, les jeunes filles qui étaient redevenues des cygnes en firent autant, mais le prince n'en avait cure. La nuit prochaine, il briserait le sortilège et Odette resterait à ses côtés pour toujours.

Heureux, il rentra au palais. Il était tant à son bonheur, qu'en abandonnant les rives du lac, il n'entendit pas les roseaux qui murmuraient d'une voix froide et grave :

– Tu me le paieras Prince Siegfried, je te jure que tu me le paieras !

Le lendemain soir, la reine avait insisté pour ouvrir les portes du bal de bonne heure. À présent, elle s'en mordait les doigts, car jusqu'ici, son fils avait refusé de danser avec chacune des prétendantes aux fiançailles.

– Tu pourrais faire un effort ! s'agaçait-elle.

– J'attends quelqu'un, lui répondait Siegfried.

Tout à coup, un mystérieux chevalier se fit annoncer avec sa fille. Quand il les vit, le prince n'en crut pas ses yeux. La jeune fille au bras du chevalier n'était autre qu'Odette ! Curieusement, elle était vêtue d'une robe de plumes noires, mais c'était bien elle ! Siegfried courut à sa rencontre.

– Mademoiselle, puis-je vous inviter à danser ? demanda-t-il avec un clin d'œil.

Odette eut un sourire énigmatique et le suivit. Toute la cour s'arrêta pour les contempler. Une question courait sur les lèvres :

– Qui est donc cette ravissante étrangère vêtue de noir qui danse avec le prince ?

De son côté, Siegfried était un peu surpris par la façon dont dansait sa partenaire. Alors qu'elle s'était montrée si douce la nuit dernière, elle était devenue brutale. Fi des arabesques ! Odette enchaînait les fouettés et les battements ! Elle était devenue violente, presque enragée. Lors d'un porté, elle le griffa même.

Cependant, elle restait majestueuse, il fallait le reconnaître. Et Siegfried gardait un tel souvenir de la nuit précédente, qu'il n'allait pas tout gâcher sur un pressentiment. Peut-être sa bien-aimée était-elle impressionnée par tout ce monde ?

Lorsque leur pas de deux s'acheva, il mena Odette devant sa mère et, devant la cour réunie, déclara :

– Mère, voici la femme que j'aime de tout mon cœur et que je souhaite épouser.

On entendit alors un grand cri. Siegfried tourna la tête et écarquilla les yeux, surpris : une autre Odette, vêtue de blanc celle-ci, venait de franchir les portes de la salle. Son visage ruisselait de larmes.

– Oh, Siegfried, comment avez-vous pu me trahir ?

Et elle s'enfuit en courant. Alors, la noire Odette fit rouler dans sa gorge un long rire cruel.

– Comme tu es naïf, petit prince ! Je ne suis pas Odette, mais Odile, la fille de l'enchanteur noir. Tu peux dire adieu à ta bien-aimée ! Grâce à toi, elle gardera son plumage de cygne pour l'éternité !

Le chevalier inconnu, qui n'était autre que le sorcier Rothbart, enveloppa alors sa fille dans son manteau de ténèbres. Dans un éclair, ils disparurent et seul l'écho de leur rire persista après leur départ.

Siegfried était horrifié. Qu'avait-il fait ? Par sa faute, Odette était condamnée ! Sans un mot, il quitta le bal et courut vers le lac des cygnes. Il fit aussi vite que possible.

Hélas ! En arrivant, il comprit immédiatement qu'il était trop tard. De désespoir, Odette s'était jetée dans le lac. Des milliers de plumes blanches flottaient à la surface en guise de linceul. Sur la berge, toutes ses compagnes pleuraient, et leurs larmes venaient grossir les eaux du lac.

– NOOOOOON ! hurla Siegfried.

Mais Odette était bel et bien morte, et rien ne pourrait la ramener.

– Je n'ai désormais plus rien à attendre de la vie, songea le prince et, fou d'amour, il se noya à son tour.

Le sorcier Rothbart apparut alors pour hurler sa victoire. Mais à ce moment précis, le jour se leva et le cri du sorcier s'étouffa dans sa gorge. Au-dessus du lac, les deux âmes de Siegfried et d'Odette tournoyaient. Leur amour était si puissant qu'il les avait réunis au-delà de la mort.

Odette se tourna vers ses compagnes et leur fit un signe. C'est alors que celles-ci s'aperçurent qu'elles étaient restées des jeunes filles malgré l'apparition du soleil. Par son sacrifice, Odette les avait libérées.

Les deux esprits s'enlacèrent et s'envolèrent vers un pays où ils purent s'aimer pour l'éternité. Et dans l'aurore naissante, seul pleurait le noir sorcier dont les pouvoirs avaient été brisés.

J'aime beaucoup cette histoire car les jeunes danseurs sont souvent superstitieux et pensent qu'un objet insolite ou un vêtement précis va leur porter chance…

J'ai eu le même comportement, et ce n'est qu'en multipliant les expériences et les imprévus que j'ai réalisé que je n'avais pas besoin de « gri-gri » : les seuls éléments fiables qui ne vous trahissent jamais sont la détermination, la confiance en soi et surtout le travail.

Une tunique couleur de brume

de Christine Féret-Fleury

Illustrations de Amélie Thiebaud

Une tunique couleur de brume

Ce jour-là, il pleuvait, et tout allait mal. C'est du moins ce que pensait Sylvia. Un jour noir, à effacer du calendrier. Un jour à oublier le plus vite possible.

Mais certaines paroles ne se laissent pas facilement oublier. La dernière phrase de Liliane, son professeur, s'était fichée dans sa mémoire à la manière d'une flèche.

« Tu fais des efforts, bien sûr, mais tu manques de flamme... oui, c'est cela, de flamme. »

Et Maud, la meilleure élève de l'école de danse, d'ajouter, une fois Liliane sortie du vestiaire :

– Tu n'y peux rien, ma pauvre. Il y a les besogneuses, et les autres.

Dans ses yeux, Sylvia avait lu de la pitié et une joie triomphante. Maud ne faisait pas partie des besogneuses. Elle dansait comme si une force inconnue l'habitait. Grande et mince, elle se tenait, hors du cours, un peu voûtée; son visage n'avait rien qui retînt l'attention, ses cheveux étaient ternes. Mais dès qu'elle avait noué les lacets de ses chaussons, elle se transformait, se redressait, s'épanouissait comme une fleur. Son visage rayonnait, ses yeux brillaient, ses bras s'arrondissaient avec grâce. Ses jambes fines s'étiraient, déliées, agiles, d'une puissance étonnante. Infatigable, elle pouvait enchaîner sauts et petits pas sans paraître toucher le sol. Chacun lui prédisait un grand avenir; et l'avenir, c'était le concours d'entrée à l'Opéra National de Paris, qui avait lieu à la fin du mois.

Un concours que Sylvia aurait, elle aussi, voulu tenter. Mais son professeur s'y était opposé.

– Tu n'es pas prête, Sylvia.

– L'année prochaine, il sera trop tard ! s'était exclamée l'adolescente, les larmes aux yeux. J'aurai dépassé la limite d'âge !

Liliane avait secoué la tête.

– Je ne t'inscrirai pas, ce serait te pousser vers un échec certain.

Et c'est alors qu'elle avait prononcé cette petite phrase qui avait déchiré le cœur de Sylvia.

« Tu manques de flamme. »

Sylvia jeta son sac sur le canapé et monta directement dans sa chambre. Elle avait tout un chapitre de géographie à réviser pour le contrôle du lendemain, mais ne se sentait pas capable de s'intéresser au système fluvial de la Russie. Elle n'en avait retenu que les noms de deux fleuves, le Don et l'Amour – « les deux choses que je ne possède pas », avait-elle noté avec amertume sur le carnet qui lui servait de journal intime.

Sur le palier, elle hésita. Elle avait envie de s'offrir un goûter plantureux et de se plonger dans un roman d'aventures, bien épais de préférence, qui la distrairait pendant quelques heures de sa déception. Mais elle avait déjà lu tous les livres qui se trouvaient sur les étagères de sa petite bibliothèque. Il lui fallait quelque chose de nouveau. Or, quelques semaines auparavant, sa mère avait remisé au grenier des caisses de livres venant de la maison de sa grand-mère, décédée depuis peu. Elle voulait les trier, plus tard, quand elle aurait le temps. Mais elle n'aurait jamais le temps, Sylvia était bien placée pour le savoir : sa mère, pédiatre, passait plus de temps à son cabinet qu'à la maison.

« Je vais le faire, moi. Au moins, ça me changera les idées. »

Le grenier était encombré de cartons et de malles, qui ne contenaient pas que des livres : Sylvia y découvrit des bibelots, des robes démodées qu'elle déploya devant elle, des chapeaux dont les plumes, mitées, tombaient en poussière. À l'intérieur d'une cantine rouillée, elle trouva même des chaussons de danse en satin rose, usés et souvent raccommodés.

« Je ne savais pas que Mamie dansait, quand elle était jeune… et ça, qu'est-ce que c'est ? »

« Ça », c'était un carton bien fermé par plusieurs couches de ruban adhésif. Sylvia, en le voyant, eut l'impression que la lumière qui éclairait le grenier avait subitement baissé : elle leva les yeux vers la tabatière et constata qu'un énorme nuage noir voilait le ciel. Un présage ? Il lui fallait un canif, se dit-elle. Elle fit un aller-retour à la cuisine : son cœur battait violemment. Elle tenta d'en rire. Ce carton banal ne pouvait pas contenir grand-chose, vu sa taille. Au mieux y trouverait-elle quelques bijoux de pacotille ! Mais quand elle souleva le couvercle, elle découvrit un rouleau serré de tissu, enveloppé dans une feuille de papier. Quelques mots, presque effacés, y étaient tracés à l'encre violette :

Le plus difficile, c'est de s'en passer, et de devenir soi-même.

L'adolescente leva les sourcils. Que voulait dire cette phrase énigmatique ? Elle déroula le tissu : c'était une tunique de danse, d'un gris très pâle et d'une texture fine, une véritable seconde peau. Elle paraissait neuve.

« C'est drôle, pensa Sylvia. On jurerait qu'elle n'a jamais été portée. C'est un peu triste, ce gris… Couleur de brume. Je vais ressembler à un fantôme, si je la porte. Pour le coup, Liliane aura raison de… »

Elle secoua la tête. Ne plus penser, surtout, à ce que Liliane avait dit… Et finalement, elle était plutôt jolie, cette tunique.

Elle la mettrait pour le prochain cours. Et tant pis si personne ne la regardait.

– C'est bien, Sylvia !

Pour la troisième fois depuis le début du cours, Liliane la complimentait, et en paraissait elle-même étonnée. Les autres filles lui jetaient des regards en coin. Qu'était-il arrivé à Sylvia ? Sylvia à qui il avait toujours manqué quelques centimètres pour faire un grand écart, qui trébuchait au second entrechat, qui ne réussissait pas ses pirouettes ? Pendant l'adage, elle avait fait merveille : cambrés, relevés, arabesques, elle semblait, enfin, avoir trouvé son équilibre. Grand rond de jambe… battement cloche… Un sourire aux lèvres, l'adolescente vivait un rêve. Pourtant, elle était bien éveillée, ses muscles douloureux le lui prouvaient, mais une chaleur l'enveloppait, un peu grisante, qui lui permettait de vaincre, sans mal, chaque difficulté nouvelle.

Elle la sentait, cette chaleur, à travers le tissu pourtant si fin de sa tunique – deux mains la soutenaient, la portaient. Des mains immatérielles, aimantes et fermes.

Des mains magiques.

À la fin de la leçon, Liliane retint son élève.

– Tu viendras me voir avant de partir, Sylvia ?

Celle-ci acquiesça silencieusement. En hâte, elle enfila jean, pull et veste. Son professeur l'attendait dans le petit bureau qu'elle partageait avec la secrétaire de l'école. Pensive, elle feuilletait une liasse de papiers.

– Sylvia… Je voudrais comprendre. On ne fait pas de progrès aussi spectaculaires en trois jours. Tu peux m'expliquer ?

« J'ai trouvé une tunique… une tunique ensorcelée. »

Non, elle ne pouvait pas parler de sa trouvaille. Liliane la prendrait pour une folle.

– Je ne sais pas… commença-t-elle, hésitante. C'est comme si… toutes les pièces d'un puzzle s'étaient enfin rassemblées pour former un dessin… Vous comprenez ?

La jeune femme fronça les sourcils.

– Je sais qu'on peut progresser par paliers, oui. Mais ainsi… Je n'ai jamais vu ça. Toujours est-il que…

Elle poussa une feuille vers Sylvia.

– Si tu es vraiment capable de danser ainsi… et tu en es capable, je viens de le constater… J'accepte de t'inscrire au concours. Remplis ça, fais-le signer à tes parents.

Et comme Sylvia, muette de joie, la regardait avec de grands yeux, elle ajouta :

– Et sois là demain à 17 heures. Je vais te donner des leçons supplémentaires, car nous avons du travail !

De jour en jour, Sylvia se persuadait que la tunique couleur de brume détenait un réel pouvoir. Une seule fois, elle ne l'avait pas portée, par défi, par curiosité aussi : ce jour-là, elle avait si mal dansé que Liliane s'était fâchée.

– Tu me fais perdre mon temps ! Que se passe-t-il encore ?

L'adolescente avait invoqué un début de rhume et une nuit d'insomnie. Son professeur, exaspérée, l'avait renvoyée chez elle.

Depuis, elle lavait la tunique chaque soir et la faisait sécher à la fenêtre de sa chambre pendant la nuit. Le jour du concours, la tenue imposée comportait une tunique sable et un collant de la même couleur, mais le vêtement était si fin qu'elle pourrait sans problème l'enfiler par-dessous.

Tout se passerait bien.

Parfois, il lui arrivait de sortir du tiroir de son bureau la feuille de papier trouvée dans le grenier et de relire les mots mystérieux : *Le plus difficile, c'est de s'en passer, et de devenir soi-même.*

Ce n'était pas l'écriture de sa grand-mère, elle l'aurait juré. Qui avait écrit cette phrase, qui sonnait comme un avertissement ?

Elle sentait qu'elle aurait dû réfléchir à la signification de ces mots, mais elle n'en avait pas le temps. Il fallait préparer le concours. Après… après, elle y penserait.

Le grand jour était arrivé. La veille, Sylvia avait préparé son sac avec le plus grand soin. Quand sa mère la déposa devant le conservatoire où devaient se dérouler les épreuves du concours, elle se sentait sereine. Elle salua gaiement Liliane, Élise, une concurrente, et même Maud, qui arborait une mine défaite. Pour les autres élèves de l'école de danse, l'évidence, au cours des dernières semaines, s'était imposée : Sylvia était la meilleure. Pourquoi, comment, c'était un mystère. Mais chacune savait qu'elle avait les plus grandes chances de l'emporter. Élise le prenait bien : elle n'avait jamais été que la dauphine de Maud et se présentait sans pression.

Mais Maud…

– Je serai aux premières loges, quand tu t'étaleras devant le jury, souffla-t-elle quand elles entrèrent dans la grande loge réservée aux concurrentes.

Sylvia haussa les épaules. Les sarcasmes de sa rivale ne l'atteignaient plus. Un sourire aux lèvres, elle ouvrit son sac... et se figea.

La tunique couleur de brume avait disparu !

Bredouillant une excuse, la jeune fille sortit dans le couloir, tira son portable de la poche de son blouson et composa le numéro de sa mère. Celle-ci décrocha à la seconde sonnerie.

– Maman ? Il y avait une tunique grise dans mon sac... Je ne la retrouve plus.

– Ah, celle-là ? J'ai vérifié hier soir le contenu de ton sac, pour m'assurer que tu n'avais rien oublié. J'ai pensé que deux tuniques pour un seul après-midi, c'était beaucoup, d'autant que la tenue est imposée !

Sylvia ferma les yeux.

– Maman, il faut que tu me l'apportes ! cria-t-elle. Je... J'ai besoin de cette tunique ! Tout de suite !

– Mais j'ai des rendez-vous...

– Sinon, je ne me présenterai pas. Je ne pourrai pas. C'est la chance de ma vie, Maman. Tu n'as pas le droit de...

– Bon, calme-toi. J'arrive.

Sylvia avait revêtu la tunique sable. L'œil rivé à la pendule, elle commença à s'échauffer avec les autres.

« Dépêche-toi, Maman. Dépêche-toi, par pitié ! »

Plusieurs fois, Liliane la reprit :

– Non, Sylvia… Étire-toi davantage… Allez ! Du nerf ! Ne me dis pas que tu es dans un de tes mauvais jours !

Après l'échauffement, les candidates patientèrent dans un vestibule à la décoration surchargée. L'une des immenses fenêtres donnait sur la place : Sylvia, le nez collé à la vitre, guettait l'arrivée de la voiture familiale. Mais le break bordeaux n'apparaissait toujours pas.

– Sylvia ?

Liliane lui touchait l'épaule.

– C'est à toi dans cinq minutes.

Sylvia comprit alors que le sort s'était joué d'elle. Même si sa mère arrivait maintenant, elle n'aurait jamais le temps de se changer.

« Tant pis, se dit-elle, presque résignée déjà. C'est fini. Je n'ai plus qu'à déclarer forfait. »

Maud sortait de la grande salle, le sourire aux lèvres. Elle avait bien dansé ; un murmure flatteur avait accompagné son salut final. Elle jeta à Sylvia un regard de défi.

L'adolescente se sentit fouettée par ce regard.

Le plus difficile, c'est de s'en passer…

« Le plus difficile, c'est maintenant. »

… et de devenir soi-même.

« Cette flamme qui me manque, où puis-je la trouver ? »

Elle pouvait encore renoncer. S'éviter l'humiliation d'un échec.

Mais alors, elle ne saurait jamais de quoi elle était réellement capable.

Depuis des semaines, elle dansait comme dans un rêve. Les souvenirs de ce rêve ne pouvaient-ils la soutenir ? Son corps en avait-il gardé la mémoire ?

Et le regard de Maud, qui triomphait déjà !

– Sylvia ? Tu es sûre que ça va ?

Liliane lui montrait la porte ouverte.

Sylvia releva fièrement le menton.

– Je suis prête, dit-elle.

Et elle s'avança vers le jury.

En pleine lumière. Le cœur battant, portée, cette fois, par sa seule volonté.

– Merci, Mamie, chuchota-t-elle en se plaçant. Grâce à toi, j'ai touché les étoiles… Il ne me reste plus qu'à sauter très haut pour les atteindre. J'y arriverai. Je le sais.

Un portrait de la mythique Anna Pavlova dansant La Mort du cygne *est accroché dans ma loge à l'Opéra. Il est signé de sa main.*

Issue d'un milieu extrêmement modeste, elle a toujours manifesté la volonté de devenir la plus grande danseuse de son temps. Elle y a consacré toute son énergie et tout son talent. Elle a toujours su quand « être à sa place » et quand « enfoncer les portes » pour obtenir ce qu'elle voulait, et elle est devenue ce qu'elle voulait être.

Sa rencontre avec Michel Fokine a été déterminante. Il l'a rendue célèbre dans le monde entier grâce au fameux solo de La Mort du cygne *qu'il a chorégraphié pour elle… Sa passion pour les cygnes était telle qu'elle en possédait plusieurs… Ses dons naturels, sa volonté de fer, la discipline qu'elle a su s'imposer, sa capacité à profiter des rencontres que la vie lui apportait lui ont permis d'accomplir son destin : c'est un exemple extraordinaire pour toutes les danseuses.*

Anna Pavlova

de Martine Planells
Illustrations de Magali Fournier

Anna Pavlova

Dans le traîneau qui glisse sur la Neva gelée, Anna se blottit contre sa mère. Il neige sur Saint-Pétersbourg et Anna se sent si heureuse ! Sa mère a acheté deux billets pour aller voir *La Belle au bois dormant* au Théâtre Mariinski. C'est le plus beau cadeau de Noël qu'elle ait jamais eu ! Pour Anna et sa maman, qui vivent très modestement, c'est une première. La neige qui tombe brille à la clarté des réverbères.

– Anna, tu vas voir le pays des fées, dit sa mère.

En entendant les premières mesures de la musique de Tchaïkovski, la petite fille est bouleversée. Son émotion est si forte qu'elle enfonce ses ongles dans les paumes de ses mains. Elle ne peut retenir ses larmes devant tant de beauté.

De retour dans leur petit appartement de la rue Kolomenskaya, la petite fille se met à danser, danser. Elle qui ne connaît pas son père et qui ne goûte pas si souvent les joies de la vie, a compris une chose : elle ne sera pas blanchisseuse comme sa mère, elle sera danseuse.

– Une danseuse comme celles que nous avons vues dans *La Valse* ?

– Non, je serai la princesse. Et je danserai sur la scène de ce grand théâtre…

Les jours qui suivent, Anna n'a plus qu'une chose en tête. Elle veut entrer à l'École impériale et supplie sa mère de l'y inscrire. Elles enfilent alors leurs pelisses, se signent devant l'icône et se rendent à l'école.

Mais hélas, le directeur, un homme grand à la grosse barbe noire ne veut rien savoir :

– Le règlement de l'école interdit d'accepter une enfant de huit ans, revenez quand elle en aura dix.

Anna est désespérée en apprenant qu'elle va devoir attendre encore deux ans. Mais elle ne se décourage pas et continue de danser chez elle.

Deux ans plus tard, le grand jour arrive enfin. Sa robe de serge élimée contraste avec les jolies tenues des petites filles qui, comme elle, patientent dans une grande salle de l'École impériale tapissée de portraits des tsars.

– Anna Pavlova !

En entendant son nom, elle sursaute.

Une gouvernante la pousse dans une salle où derrière des bureaux, les examinateurs revêches multiplient les ordres : « marchez en cadence », « courez », « maintenant tournez ». « Les talons en dehors »… Elle a beau forcer, elle n'y arrive pas.

Il faut dire qu'Anna, à cet âge, est une petite fille menue, chétive, délicate.

Le directeur la convoque dans son bureau et lit le rapport du jury à haute voix. Les mots semblent sortir de sa barbe noire :

– Cette enfant a de beaux yeux, elle sait lire, écrire, compter, chanter…

Le cœur d'Anna bat la chamade. Elle n'ose regarder sa mère ni le directeur. Elle sait que son avenir est en train de se jouer.

– Votre fille est admise à l'essai dans la classe préparatoire. Ce n'est, bien entendu, qu'à l'issue de ce délai que les professeurs décideront de son admission comme pensionnaire.

Le directeur s'adresse alors à Anna :

– À toi, petite, de montrer ce que tu vaux vraiment, et à toi de satisfaire tes professeurs.

Le joli visage d'Anna rayonne de joie. C'est le plus beau jour de sa vie.

Mais, à l'école, tout n'est pas si facile. Elle travaille dur Anna, et pourtant son professeur, Mademoiselle Wazem, ne l'aime pas beaucoup. Il faut dire qu'elle sait de quoi elle parle, Mademoiselle Wazem. Elle a aussi été ballerine quand elle était jeune ; c'est même pour elle que Marius Petipa* a créé *La Bayadère*.

Marius Petipa (1818-1910) est un danseur et chorégraphe français. Maître de ballet au Théâtre Mariinski, il a créé de nombreux ballets, tels que *La Belle au bois dormant*, *Casse-Noisette* et *Le Lac des cygnes*.

– Première position, plié, grand plié…

Le cours commence à neuf heures. Dans les dix minutes qui suivent, la baguette de Katerina Wazem s'abat sur les genoux d'Anna.

– Anna, genoux tendus.

La barre finie, une gouvernante asperge d'eau le parquet avec un arrosoir pour que les élèves ne glissent pas. Et le cours reprend. Sans relâche, Anna enchaîne les dégagés, les tours, les sauts, le salut final. Anna n'en peut plus. Elle pleure. Une fois de plus, Mademoiselle Wazem lui fait des remarques désobligeantes.

– Vous n'arriverez jamais à rien.

Humiliée, Anna s'accroche et travaille encore. Enfin, ses efforts sont récompensés. Ça y est, elle est admise dans la classe supérieure. Elle va devenir interne. Pour la première fois de sa vie, elle va devoir être séparée de sa mère.

– Noura, ma petite fille, veux-tu vraiment être danseuse ? Tu sais ce que cela veut dire, tu vas devoir me quitter. Après l'École du Ballet impérial, ce sera le Ballet du Théâtre Mariinski. Ma petite fille, tu n'as pas envie de me quitter.

– Maman, je ne veux pas vous quitter mais, plus que tout, je veux être ballerine.

Plus que jamais, Anna est décidée. C'est le rêve de sa vie. Elle veut devenir la meilleure…

À l'École impériale, Anna enfile son uniforme : une robe bleue, un tablier de linon blanc, des bas blancs et des escarpins noirs.

En se voyant si belle, elle tournoie en chantant :

« Tchouvir moij tchouvir
chouvirnary-vir-vir-vir ! »

Demain est un jour important, le Tsar Alexandre III vient rendre visite aux élèves de l'école dont il a la charge. L'Impératrice Marie Fedorovna l'accompagne, ainsi que plusieurs membres de la famille impériale. Le tsar veut connaître chaque élève de son école. Il pose des questions à l'une puis à l'autre. Le tsar invite même Stanislava Belinskaya à s'asseoir sur ses genoux. Est-ce parce qu'elle est blonde et qu'elle a l'air d'un ange ? Rongée par la jalousie, Anna éclate en sanglots. Personne ne comprend rien à ce brusque chagrin.

– Je voudrais que l'Empereur me prenne aussi dans ses bras.

Le directeur de l'école est terriblement embarrassé; il pense même sa dernière heure arrivée. Décidément, cette petite pleure pour un oui ou pour un non. Elle n'est qu'une source d'ennuis.

Mais le tsar dit à Anna :

– Tu as bien raison de pleurer. Viens sur mes genoux, puisque tu aimes tant ton tsar.

Le soir dans son lit, Anna répète sans se lasser : « petit père, petit père… »

Le tsar l'a remarquée et, pour elle, c'est déjà une première victoire. Une chose est sûre, elle n'oubliera jamais cet instant.

Arrive enfin le jour tant attendu de la représentation de leur spectacle au Théâtre Mariinski. De grandes calèches se sont arrêtées devant la porte de la rue Rossi. En route pour le théâtre ! « Les ballerines du tsar », comme on les appelle, passent par la porte 11, pressées par les gouvernantes qui ont toujours peur d'en perdre une en route. Elles enfilent leurs costumes et défilent tour à tour devant une gouvernante qui leur dépose un peu de fard rouge sur les joues. Les voilà en scène. En ce 21 octobre 1898, les élèves dansent dans *La Fille du Pharaon* du célèbre chorégraphe Marius Petipa, qui dirige le ballet. Anna danse une des « Almahs » dans un pas de trois du second acte. Elle y met tout son cœur et tourne si violemment qu'elle se retrouve assise sur la boîte du souffleur, dos au public. Dans la salle, les spectateurs rient aux éclats. Mais comme si cela était la chose la plus naturelle du monde, Anna se retourne et salue avec un sourire désarmant. C'est le succès !

Après cette soirée, plus personne à l'école ne se moque de sa maigreur. En cachette, pourtant, elle se verse des brocs d'eau froide sur le corps pour se fortifier. Comme toutes les élèves de l'école, elle n'a qu'une envie, ressembler à Pierina Legnani, la danseuse italienne qui vient de triompher dans *Cendrillon*. Elle n'est pas belle, la Legnani, mais elle réussit les trente-deux fouettés « dans une assiette* ».

éussir des fouettés ans une assiette » nifie que la danseuse bouge pas de son point ppui en faisant les uettés.

– Un, deux, trois, quatre…

Autour d'Anna, les plus grandes forment un cercle. Elle pivote, pivote… Sur pointe, la jambe droite à la seconde.

– Anna, qu'est-ce qui vous prend ! Vous êtes tombée sur la tête !

La voix autoritaire de Pavel Guerdt, le maître adoré dont toutes les filles sont amoureuses, cloue tout le monde sur place.

– Ça me fait mal, oui, vraiment mal de vous voir faire ce genre d'acrobaties. Laissez-les aux autres. Vous, Anna, vous êtes comme la Taglioni, vous êtes faite pour l'immatérialité.

Et sans plus attendre, il tourne les talons.

Restée seule, Anna rêve : être aussi légère qu'un oiseau, voler au son de la musique, laisser ses bras exprimer autant de sentiments que son visage, c'est cela que Pavel Guerdt a voulu dire. Elle soupire :

– Merci Maître.

Dorénavant, c'est comme cela qu'elle dansera.

Une ballerine est née…

Les années ont passées. Son rêve est maintenant devenu réalité. Elle est danseuse au Théâtre Mariinski. Comme à son habitude, Marius Petipa regarde le spectacle de la coulisse, son éternel plaid à carreaux sur le dos. Ce soir, Anna danse pour la première fois Nikiya dans *La Bayadère*, un des grands succès du maître de ballet. Dans les fauteuils d'orchestre, les bijoux des femmes étincellent et les hommes sont en habit. Dans une même loge, les quatre ballerines qui ont interprété Nikiya avant elle sont là pour la voir débuter dans ce rôle difficile. Mais n'est-ce pas plutôt une conspiration ? Elles sont si envieuses de l'intérêt que lui porte Petipa.

Sur scène, dans la clarté du cordon de lampes au gaz, apparaît la bayadère Nikiya amoureuse de Solor. Anna est majestueuse. Le rideau tombe. Des quatre coins de la salle, on lui jette des bouquets de fleurs. Lentement, Pavel Guerdt, son partenaire, les ramasse et les lui tend en lui baisant la main.

De la coulisse, le vieux chorégraphe Marius Petipa lui sourit. Déjà, il pense qu'elle sera une magnifique *Giselle* dans le ballet romantique qu'il a remonté. Son entourage est euphorique. Michel Fokine, son meilleur ami depuis l'école, a également des projets pour elle. Il lui promet : « Pour toi, je ferai encore mieux. »

Quelques années plus tard, un matin de décembre 1907, bravant les flocons de neige qui tombent sur Saint-Pétersbourg, Michel Fokine marche à grands pas vers la rue Anglisky. Anna a 26 ans et habite dans un coquet appartement. Qu'il est loin le modeste logis qu'elle partageait avec sa mère blanchisseuse. Depuis qu'elle est ballerine, elle mène une vie fort confortable, roule dans un cabriolet capitonné de soie rose pâle et a même installé un studio de danse dans son appartement, avec des barres et de grands miroirs.

– Entre Misha. Tu veux une tasse de thé ?

– C'est drôle, Anna, mais en te voyant là, en tutu blanc sur ton maillot blanc, j'ai l'impression de voir un cygne. Je suis sûr que ce solo sera ton chef d'œuvre.

Au paniste qui vient de s'installer, il fait signe de commencer. Les premières mesures de la transcription pour piano de *La Mort du cygne* de Camille Saint-Saëns résonnent dans le studio.

– Entre de dos… Plus haut les bras Anoushka, monte-les par les côtés. Les mains tremblent…

Ses bras volent comme des ailes. Son long cou ploie en arrière. En la regardant, Misha sait que personne ne dansera jamais ce cygne comme elle. Au moment du final, lorsqu'elle tombe à terre, il lui a semblé entendre qu'elle disait :

– Maintenant je suis La Pavlova.

J'aime beaucoup cette version traditionnelle et féérique de l'histoire de Casse-Noisette*. Elle me rappelle le tout premier ballet que l'on m'a emmené voir à l'Opéra Garnier lorsque j'avais 10 ans. Dans cette chorégraphie de Rosella Hightower tout était magique : du prince des glaces au pays des neiges, jusqu'aux sucres d'orges et babas au rhum dans le pays des friandises, sans oublier les costumes des cerises et des barbes à papa : une merveille !*

Je me rappellerai toujours de Clara qui était interprétée par la toute jeune et talentueuse Monique Loudière et de la superbe Noëlla Pontois en fée Dragée…

Tout dans cette soirée a été pour moi une source d'inspiration déterminante : la danse, bien sûr, puisque j'en ai fait mon métier, mais aussi les costumes que j'ai maintenant la chance de dessiner pour les ballets…

Agnès Letestu

Casse-Noisette

de Martine Planells
d'après le ballet de Piotr Ilitch Tchaïkovski
Illustrations de Alexandra Petracchi

Casse-Noisette

Le sapin monte jusqu'au plafond. Des centaines de petites bougies illuminent les branches sombres. Les boules rouges scintillent. C'est le 24 décembre, la veille de Noël. Il fait froid dehors, mais le salon de la famille Silberhaus est bien chauffé. Les parents s'occupent des derniers préparatifs avant l'arrivée des invités. Derrière la porte, les enfants trépignent d'impatience.

– Papa, maman, ouvrez les portes, vite.

Les enfants devant, les invités derrière, tous entrent dans le salon en poussant un cri d'admiration :

– Oh, que c'est beau !

Il y a des cadeaux partout. Les enfants décrochent les bonbons de toutes les couleurs accrochés aux branches du sapin. Une boîte de soldats de plomb est posée au pied de l'arbre de Noël. Fritz, l'espiègle frère de Clara, enfourche un cheval de bois et cavalcade à travers le salon poursuivi par ses cousins. Clara berce une poupée dans ses bras et virevolte dans sa robe bleue. Les autres fillettes, si jolies avec leurs rubans dans leurs longs cheveux, entraînent Clara dans une ronde. Tout le monde est joyeux.

Soudain, la cloche de la porte d'entrée retentit. Qui cela peut-il bien être ?

Le visage de Clara s'éclaire :

– Parrain, parrain !

Drosselmeyer est vieux, pas très beau, et il porte un large bandeau noir sur l'œil droit. Comme il n'a pas de cheveux, il couvre sa tête d'une perruque blanche. C'est vrai qu'il impressionne, l'oncle Drosselmeyer, mais Clara l'adore. Son parrain est drôle, fantasque et il a toujours mille tours dans son sac. Quelle surprise leur réserve-t-il en ce soir de Noël ? À peine arrivé, Drosselmeyer fait des tours de magie avant de déballer un théâtre de marionnettes. Le spectacle commence. Arlequin et Colombine dansent. Les enfants sont aux anges.

Mais ce n'est pas tout, le parrain offre aussi des cadeaux.

– Pour toi, Clara, dit-il en lui tendant un petit hussard de bois.

– Qu'est-ce que c'est ?

Drosselmeyer prend une noisette et la met entre les dents du jouet. On entend carracc-carrac… knack, knack.

– Un Casse-Noisette. Comme il est beau avec son habit blanc et son bonnet de fourrure gansé de doré.

Clara, qui l'aime déjà beaucoup, le serre dans ses bras.

Soudain, Fritz, jaloux, dit :

– Donne-le moi, je veux essayer de casser une noisette.

Et sans attendre, il s'en empare. Hélas, il le fait tomber et lui brise la mâchoire.

Clara regarde le Casse-Noisette à terre et fond en larmes.

– Ne t'en fais pas, je vais le réparer, dit Drosselmeyer en bandant la tête du Casse-Noisette avec un mouchoir.

Rassuré, tout le monde danse, papa, maman, les invités et même grand-mère et grand-père. Mais pas Clara. Elle est inconsolable.

Il se fait tard et les invités s'en vont un à un.

La maison est maintenant plongée dans le noir. Tout le monde dort. Dans son lit, Clara se blottit. Elle n'arrive pas à trouver le sommeil. Son Casse-Noisette, si beau et déjà cassé, repose tout seul au salon dans un lit de poupées. À cette pensée, la tristesse l'envahit. Sans plus attendre, doucement, elle entrouvre la porte de sa chambre et, en chemise de nuit blanche et pieds nus, dans l'obscurité, elle descend une à une les marches de l'escalier qui mènent au salon. L'atmosphère est étrange. La lumière blafarde de la lune cerne les meubles, les objets. Minuit sonne à l'horloge. Tout-à-coup, l'arbre de Noël grandit. Ses branches s'allongent, touchent les fenêtres de la pièce. Des bruissements, des chuchotements se font entendre. Au même moment, des ombres poilues rampent sur le sol, sortent de la cheminée, de chaque recoin du salon. Des rats aux petits yeux jaunes étincelants sont partout, gros, gras, effrayants. Ils envahissent le salon et dressent vers Clara leurs pattes armées de griffes. Clara a rapetissé et elle a peur.

– Au secours, au secours, crie la petite fille, tapie derrière le fauteuil.

Alertés, les jouets se mettent à bouger, les poupées s'animent. Même Casse-Noisette marche en cadence. Ses bras se balancent, ses dents claquent.

Une, deux, une, deux…

Derrière lui, les poupées, les jouets. Face à lui, les rats, bien en ordre, sont rangés derrière leur roi coiffé d'une couronne. Enfin, les soldats de plomb sortent de leur boîte. Casse-Noisette, l'épée à la main conduit leur armée. Le combat est rude. Le roi des rats a le dessus. Son manteau rouge bordé d'hermine blanche brille d'un tel éclat qu'il annonce son triomphe. Casse-Noisette va être battu. Clara ne peut pas laisser faire ça. Elle crie :

– Non.

Et d'un coup sec, elle lance une de ses pantoufles à la tête du roi des rats. Il tombe. Casse-Noisette en profite pour le transpercer avec son épée. Leur roi vaincu, les rats s'enfuient. Clara, qui s'est évanouie, revient à elle.

– J'ai eu si peur, sanglote-t-elle.

Mais Casse-Noisette qui s'est transformé en prince charmant lui tend la main.

– Maintenant, vous n'aurez plus jamais peur. Venez…

Et il entraîne Clara dans une forêt.

Le vent souffle dans les branches d'arbres. Des flocons de neige dansent autour du prince et de Clara. Ils tournent, tournent. Clara tourbillonne dans les bras de son prince, la tempête de neige les emporte dans un monde enchanté. Elle est heureuse Clara, son prince peut l'emmener où il veut. Il pose sur ses épaules une cape qui ressemble à celle que porte son père, le président Silberhaus, quand il part en voyage.

Clara et le prince montent dans un traîneau tiré par des anges. Le prince glisse son bras autour de la taille de Clara. Ils traversent des paysages merveilleux. Soudain, une lumière éclatante oblige Clara à fermer les yeux. Quand elle les rouvre, elle découvre une prairie de sucre candi.

Ils traversent des jardins de pains d'épice, marchent sur des dalles en caramels, écoutent le clapotis de fontaines de limonade.

– Tout est si beau ici que je voudrais y rester toute la vie.

Il y a aussi de drôles de personnages qui ressemblent à des pralines, des pistaches, des macarons, des fruits confits. Maintenant, Clara et le prince, naviguent sur un fleuve d'essence de rose. Le char de coquillages dans lequel ils se trouvent est tiré par des dauphins qui lancent dans l'air des gerbes de cristal rosé. Il surgit puis disparaît au gré des flots agités.

Soudain, au milieu d'un kiosque de sucre d'orge, paraît une femme si belle avec ses cheveux blonds, ses yeux clairs, et sa robe de tulle légère et rose.

– Bienvenue au pays des friandises, dit-elle de sa voix cristalline en s'adressant au prince et à Clara.

– Qui est-ce ? demande tout bas Clara au prince.

– C'est la fée Dragée.

– Oh, c'est la première fois que je vois une fée. Elles existent donc vraiment !

– Vous devez être bien fatigués après un tel voyage. Restez un peu ici pour vous reposer, leur propose la fée.

– C'est surtout que nous avons dû livrer une bataille contre les rats. Heureusement, Clara a été très courageuse. Elle m'a sauvé en lançant une pantoufle à la tête de leur roi.

Clara sourit et rougit un peu, tout heureuse, en entendant le prince raconter le récit de leur combat.

– Ici, vous ne craignez plus rien. Installez-vous confortablement, je vais demander à mes sujets de danser pour vous.

Et la fée invite Clara et le prince à s'asseoir sur un trône magnifique. Puis, d'un coup de baguette magique, elle prie les artistes de commencer le spectacle. Le chocolat d'Espagne, le premier, se lance dans une danse frénétique avec des battements de pieds sur le sol et des bras qui s'élèvent vers le ciel comme des flammes. Les castagnettes craquent comme des coquilles de noix sèches. Puis entre le café d'Arabie tout chaud et palpitant sur des sons graves et lascifs. Son arôme envoûtant berce Clara qui sent

ses membres s'engourdir. C'est ensuite au tour du thé de Chine de surgir, les coudes pliés, les poings fermés, les index pointés vers le haut. Il est tellement irrésistible dans son habit jaune que Clara rit de bon cœur.

Après avoir salué plusieurs fois les deux spectateurs, il s'en va. Voilà maintenant les bonbons russes fougueux qui font des cabrioles devant le trône. Joyeux, vifs, ils sautent, font des bonds, tourbillonnent, rapides, encore plus rapides. Enfin, de gracieuses bergères en massepain arrondissent leurs bras sur une mélodie légère.

Clara applaudit tant que ses mains sont toutes rouges. En avalant un berlingot, elle demande au prince quelle danse il a préférée. Les yeux brillants de bonheur, il est sur le point de lui répondre… mais ses paroles sont happées par le brouhaha que fait Mère Gigogne en arrivant. Elle est dodue comme un pouding et de ses jupons sortent un, deux, trois… une ribambelle de malicieux enfants roux et joyeux.

– Comme ils sont choux ! s'écrie Clara, un peu déçue que Mère Gigogne abrège leurs facéties en les entraînant vers la sortie.

Après ce tohu bohu, le calme revient. Apparaît alors une myriade de fleurs qui ouvrent leurs pétales un à un. Il y en a tant qui valsent que Clara se sent emportée dans un éternel printemps. C'est alors que la fée Dragée revient mais, cette fois, elle est accompagnée par son prince d'Orgeat.

– Comme elle est belle ! Je voudrais lui ressembler quand je serai grande. Et comme ils ont l'air de s'aimer.

La fée Dragée et son prince dansent au son des violoncelles. Puis la fée danse seule accompagnée par le doux tintement de petites clochettes. Souvent, en retiré sur pointe, elle reste en équilibre. Clara ne rêve que d'une chose, essayer de voir si elle arrive à tenir avec autant de grâce dans cette position.

Des fontaines lumineuses la tirent de son rêve. Tous les danseurs dansent ensemble.

Mais il est temps de partir. Clara embrasse la fée Dragée, dit au revoir aux danseurs. Son prince lui prend la main et tous deux repartent en traîneau. Ils doivent à nouveau traverser la forêt enneigée.

C'est alors qu'un bruit sourd réveille Clara.

Sa mère est là, devant elle.

– Clara, il est tard, le petit déjeuner est servi. Tu es la seule à ne pas l'avoir pris. Je t'ai gardé du stollen, le pain brioché de Noël.

– Oh, maman, j'ai fait un magnifique voyage avec Casse-Noisette qui est devenu un prince.

– Clara, tu as bien trop d'imagination. Tu t'es seulement endormie dans le fauteuil du salon. Je crois plutôt que tu as rêvé.

J'ai toujours été fascinée par les félins, par leur capacité à grimper, à bondir et à atterrir sans bruit. Les danseurs cherchent souvent à trouver cette puissance mêlée de souplesse dans leur gestuelle.

Dans beaucoup de pays, la danse est un acte sacré, une façon de communiquer avec les dieux et la nature. Il est fréquent pour un danseur de rêver qu'il danse et exécute des sauts d'une hauteur exceptionnelle et des pirouettes à l'infini. C'est une sensation grisante et, parfois, au cours d'un spectacle sur le plateau de l'Opéra, il vous semble que ce rêve devient réalité, tout comme pour Bái…

Agnès Letestu

Le tigre et la danseuse

de Christine Féret-Fleury

Illustrations de Magali Fournier

Le tigre et la danseuse

Par un froid matin d'hiver, dans un petit village du Nord de la Chine, il y a de cela fort longtemps, naquit une petite fille si chétive que son père déclara qu'elle ne pourrait vivre.

– Nous avons déjà trop de bouches à nourrir, cria-t-il à son épouse en pleurs. Je vais la porter hors du village, où les bêtes sauvages se chargeront de nous en débarrasser.

Malgré les supplications de sa femme, il emporta le nouveau-né dans la forêt et la déposa entre les racines saillantes d'un arbre géant. Puis il s'en retourna. La neige tombait à gros flocons, effaçant ses traces.

Éprouva-t-il quelque remords ? Nul ne le sait. Mais au lieu de rentrer chez lui, il s'arrêta à la taverne, et s'enivra de telle manière qu'en sortant, saisi par le froid, il s'effondra, mort.

Deux jours plus tard, un villageois qui bûcheronnait à l'orée de la forêt entendit des vagissements. Intrigué, il s'avança sous le couvert des arbres et découvrit un étonnant spectacle : un bébé tigre couvrait de son corps et de sa chaude fourrure blanche, un nouveau-né qui riait et agitait les mains.

En grande hâte, il rentra au village faire part de ce prodige à tous les habitants. La mère de la fillette, accablée par le chagrin, y vit un signe du ciel : elle devait ramener la pauvre petite abandonnée à la maison. Elle se rendit donc au pied de l'arbre géant, accompagnée de ses frères. Ceux-ci craignaient pour sa vie, car la mère du petit fauve devait rôder dans les alentours. Mais ils ne trouvèrent que le bébé, bien vivant et affamé. Autour d'elle, la neige piétinée prouvait que la tigresse était passée par là…

La fillette reçut le nom de Bái, ce qui signifie « Blanche », et grandit entourée d'une espèce de crainte respectueuse. Les villageois évitaient de lui adresser la parole, de peur d'offenser la puissance qui l'avait protégée à sa naissance. Aussi, Bái était-elle, le plus souvent, solitaire. Elle ne jouait pas avec les autres enfants et même ses frères et sœurs la tenaient à l'écart.

Quand elle avait fini d'aider sa mère aux travaux du ménage et des champs, elle courait dans la forêt. L'ombre des grands arbres, loin de l'effrayer, l'attirait. Elle s'y sentait chez elle. Elle se couchait au bord de la rivière et observait, pendant des heures, les libellules qui rasaient l'eau et se croisaient en un gracieux ballet; elle admirait leurs corps sveltes, leurs ailes irisées, les arabesques qu'elles traçaient dans l'air. Parfois, elle se cachait derrière un tronc pour surprendre les écureuils qui sautaient de branche en branche. Comme ils étaient agiles et souples ! Eux aussi semblaient voler. Tout dans cette nature sauvage l'émerveillait. Les feuilles d'automne tombaient en tournoyant, légères comme des flocons; l'araignée, au cœur de sa toile, dépliait ses longues pattes comme si elle avait voulu tisser ensemble la terre et le ciel.

Toute la nature semblait danser sous ses yeux.

Bái se nourrissait de toute cette beauté, qui parfois lui causait une sorte de souffrance : avec son buste frêle, ses jambes maigres, elle avait conscience de sa laideur et de sa maladresse. Elle tentait d'imiter les mouvements pleins de grâce des animaux et des insectes, bondissant, tourbillonnant, ployant son corps de toutes les manières possibles. Piètre imitation, dont elle comprenait le ridicule : il lui semblait que les oiseaux se moquaient d'elle, que les écureuils, tout là-haut, la narguaient. Elle se laissait alors tomber sur le sol tapissé de feuilles mortes et d'aiguilles de pins, et pleurait, désespérée.

Une nuit, Bái fit un rêve : un tigre s'approchait de sa couche et, dans un rugissement muet, montrait ses crocs étincelants. Puis il s'éloignait, tournant la tête vers elle comme pour l'inviter à le suivre. Elle se levait et lui emboîtait le pas. Il la mena alors vers la forêt et s'enfonça, silencieux et souple, dans les profondeurs des bois.

Ils marchèrent ainsi longtemps, dépassant les clairières que la fillette connaissait, les berges de la rivière aux méandres nombreux, les entassements de rochers où jouaient les garçons du village. Au loin, le sommet de la montagne, couronné de neiges éternelles, se dressait hors de sa ceinture de nuages. Le tigre en gravit les pentes sans se retourner. Bái le suivait toujours, étonnée de ne ressentir aucune fatigue. Quand elle posa le pied sur le tapis de neige, elle ne sentit pas non plus le froid ; pourtant, son haleine formait une vapeur dense et de petits cristaux de glace alourdissaient ses cheveux.

Arrivé au sommet, le tigre s'immobilisa et se dressa sur ses pattes arrière, enveloppant Bái dans une étreinte qui aurait pu la broyer. La fillette, le souffle coupé, crut disparaître dans un tourbillon de fourrure. Cela ne dura qu'un instant : le tigre la lâcha, recula, puis commença à danser.

Jamais la fillette n'avait imaginé pareil spectacle : les grosses pattes effleuraient à peine la neige, le dos rayé s'arquait, le col puissant se courbait comme pour honorer une divinité invisible. La danse du fauve était si belle que Bái en avait les larmes aux yeux.

Mais cette fois, c'étaient des larmes de bonheur.

Toute la nuit, ils dansèrent, face à face. Bái sentait des griffes pousser au bout de ses doigts : ses bras se tendaient, ses jambes lui donnaient l'essor nécessaire, son corps devenait aussi fort, aussi souple que celui du grand fauve. Aucun saut ne l'effrayait. Elle bondissait par-dessus les abîmes tapissés de stalactites, survolait les rochers noirs. Elle rejetait la tête en arrière, fixant les étoiles, et rugissait en emplissant ses poumons d'air glacé.

Quand les premières lueurs de l'aube rosirent les sommets, le tigre s'immobilisa. Une dernière fois, il la regarda et rugit. Puis il disparut.

Bái se réveilla sur la couche qu'elle partageait avec ses frères et sœurs. Le feu était éteint, elle avait froid. Elle savait qu'elle aurait dû remuer les cendres, ajouter du petit bois, mais elle n'osait bouger. Elle voulait garder en elle ce rêve fabuleux.

Quand elle se leva enfin, elle constata que ses pieds étaient mouillés. Le bas de son vêtement aussi. Et des traces humides persistaient sur le seuil de la chaumière…

Désormais, chaque soir, Bái partait dans la forêt et dansait, répétant encore et encore les mouvements que le tigre lui avait appris. Un sang neuf circulait dans ses veines; elle se sentait plus forte, plus vivante. Elle grandissait, et devenait si jolie que les garçons commençaient à la regarder d'un autre œil. Mais Bái ne leur prêtait aucune attention : elle s'acquittait gaiement de ses tâches quotidiennes, heureuse à la simple pensée de ces instants qui lui appartenaient et où elle dansait à perdre haleine.

L'été suivant, le village fut envahi par les rats. Il en vint une si grande quantité que les paysans ne savaient plus que faire pour sauver le produit de leur récolte. Ces bestioles s'introduisaient partout, dans les resserres, les granges, les greniers; elles entraient dans les maisons, se cachaient dans les coffres.

Pour les chasser, on s'arma de bâtons, on disposa du grain empoisonné en maints endroits, on dit des prières, espérant une aide céleste.

Celle-ci fut accordée aux villageois sous une forme qu'ils n'avaient pas prévue : un tigre à la fourrure blanche sortit de la forêt et dévora les rats jusqu'au dernier.

Perchée dans le grenier de la maison maternelle, Bái le regardait, le cœur battant : c'était le tigre de son rêve, elle en était sûre ! C'était le tigre qui lui avait appris à danser ! Il était donc bien réel…

Bien que le fauve ait terminé son repas, il ne semblait pas disposé à regagner les montagnes. Il rôdait autour du village. Les paysans étaient effrayés et se concertèrent longuement pour savoir comment s'en débarrasser. Certains suggérèrent une battue pour le tuer, d'autres voulaient creuser un piège et le recouvrir de branchages, de manière à capturer le fauve. Bái frémissait à chacune de ces propositions ; une ou deux fois, elle tenta de prendre la parole, mais sa mère la fit taire. Qui, de toute manière, aurait écouté une jeune fille ?

Le temps passait : le tigre ne tombait dans aucun piège, évitait les chasseurs, dévorait poules et coqs. Un bœuf fut, une nuit, sa victime. Bientôt, se dirent les villageois, il s'en prendrait aux enfants dans leur berceau ou aux vieillards assis sur le pas de leur porte.

Que faire ?

Une nouvelle assemblée fut décidée : tous étaient invités à proposer un stratagème pour se débarrasser du tigre.

C'est alors que Bái, échappant à la surveillance maternelle, s'avança et parla d'une voix qui ne tremblait pas.

– Je connais ce tigre, dit-elle, et il me connaît. Je suis sûre que c'est lui qui m'a sauvé la vie à ma naissance. Laissez-moi faire. Je le persuaderai de retourner dans la montagne.

Les anciens du village, troublés, se concertèrent, tandis que les hommes plus jeunes éclataient de rire et que les femmes chuchotaient d'un air désapprobateur. Cette gamine était folle ! Pensait-elle pouvoir venir à bout d'un fauve aussi puissant ? Elle se ferait dévorer, ce qui, à bien y réfléchir, ne représenterait pas une grande perte pour le village. Autant la laisser faire !

Bái reçut donc l'autorisation de mettre son plan à exécution. Sa mère versa des larmes amères, mais ne refusa pas d'aider sa fille dans ses préparatifs. Sur ses indications, elle confectionna une robe blanche et un masque de tête de tigre. Pendant ce temps, Bái avait regagné sa clairière favorite et s'exerçait en secret.

Un matin, le rugissement du tigre retentit près des premières habitations : un garçon courut à toutes jambes chez la mère de Bái, pour la prévenir de l'approche du fauve. Le cœur battant, la jeune fille revêtit son costume, embrassa sa mère et sortit.

La place du village était déserte ; les habitants, peureux, s'étaient baricadés dans leurs maisons, d'où ils observaient Bái, intrigués. Quel étrange costume ! Ainsi vêtue et masquée, l'adolescente ressemblait à une tigresse blanche, silencieuse, inquiétante.

Quand le tigre la vit, il poussa un rugissement si fort que les murs de torchis en tremblèrent. Sa queue fouettait l'air. Allait-il se jeter sur l'intruse et la dévorer ?

Bái commença à danser. Avec lenteur, elle tourna autour du grand fauve qui ne la lâchait pas du regard. Ses doigts se recourbèrent et prirent la forme de griffes; son dos ondula. On sentait en elle une force retenue. Elle semblait défier l'animal, le provoquer en duel.

Puis son attitude changea : elle sautilla, fit des roulades, passa ses mains sur le museau de son masque, comme un chat. Le tigre se détendit : il se coucha sur le sol, les yeux mi-clos, attentif.

La danse de la fille-tigre continuait, toujours plus exubérante, plus joyeuse. Chaque mouvement, chaque saut parlait au tigre des sommets inviolés, de la paix qui y régnait, du plaisir de folâtrer dans la neige fraîche, de la liberté… Le tigre se leva.

Alors elle l'entraîna à sa suite, toujours en dansant, hors d'haleine, mais habitée d'une joie profonde. Il comprenait sa danse; il la comprenait. Pour le seigneur de la forêt profonde, elle n'était pas une petite pauvresse, mais une égale.

Ils sortirent du village, l'un suivant l'autre, et disparurent du regard des villageois ébahis et honteux de leur couardise. Ce fut la dernière fois qu'ils virent la jeune fille.

Certains prétendent que Bái, sur son chemin, a rencontré le fils d'un puissant mandarin, qui l'a emmenée dans son palais où ils mènent une vie de pacha.

D'autres affirment l'avoir vue, métamorphosée en tigresse et suivie d'une bande de petits tigres joueurs, courir dans la forêt.

D'autres encore pensent qu'à force de danser, elle a gravi le ciel et qu'elle s'y est fixée sous la forme d'une étoile…

Il y a plusieurs petites leçons à tirer de cette histoire. Tout d'abord, on est seul responsable de ses affaires et surtout de celles qui sont indispensables et difficiles à remplacer au dernier moment (tutus et pointes). On doit en prendre soin et ne jamais les lâcher des yeux.

Ensuite, on ne doit jamais sous-estimer ou humilier un adversaire, et… toujours avoir confiance en sa bonne étoile !

Une audition ratée

de Audrey Alwett
Illustrations de Amélie Thiebaud

Une audition ratée

Depuis que l'annonce avait été punaisée sur le tableau de mon école de danse, je rêvais d'aller à ce casting. Le seul problème, c'est qu'il fallait être accompagné d'un adulte et que mes parents n'étaient pas disponibles le jour J. Du coup, ma mère m'avait dit :

– Ce n'est pas grave, Lola. Je vais demander à la maman de Cécile. Sa fille doit passer l'audition elle aussi, alors ça ne la gênera pas de t'emmener.

En vérité, ça gênait beaucoup Madame Lepic, mais comme elle était polie, elle n'avait pas osé refuser. Moi aussi, j'étais très embêtée, car Cécile était la numéro 1 de notre cours de danse et avec elle, la compétition risquait d'être beaucoup plus serrée. Cécile était une danseuse formidable, mais surtout, contrairement à moi, elle avait déjà passé plein d'auditions. Malgré tout, même si je me sentais toute petite à côté de son expérience, le moment venu, j'étais montée avec elles dans la voiture.

Le film pour le casting duquel on se présentait s'appelait *J'irai jusqu'aux étoiles*. Ils recherchaient une jeune danseuse pour le rôle principal féminin, et je rêvais d'être choisie ! Je me voyais déjà virevoltant sur le plateau de tournage, dans les bras de Matthew Perez, le danseur qui jouait le rôle masculin. Matthew était à peine plus âgé que moi, mais il avait déjà joué dans plusieurs comédies musicales, où son talent l'avait fait remarquer. Pour de parfaites anonymes comme moi ou Cécile, ce garçon était déjà une star !

– La demoiselle suivante, s'il vous plaît, a dit une dame à l'entrée du couloir.

Une fille s'est levée, tremblante de trac, et l'a suivie comme si elle allait à l'abattoir.

En tout, nous étions une trentaine de candidates à mourir de chaud dans un couloir trop petit. Comme l'annonce précisait qu'il fallait une danseuse classique, beaucoup avaient mis un tutu pour faire bonne impression. Moi, j'avais juste emmené mes pointes. Je les enfilerai à la dernière seconde, pour ne pas trop transpirer dedans.

Je regrettais de n'avoir même pas un justaucorps neuf à porter pour l'occasion, mais de toute façon, parmi la file d'attente, aucun costume n'était aussi joli que celui de Cécile. L'an dernier, elle avait dansé *Giselle* dans notre école et sa longue jupe de Wili* flottait avec romantisme autour d'elle.

Dans le ballet Giselle, les Wilis sont les fantôm[es] des fiancées trahies, mortes de chagrin ava[nt] leurs noces. Elles traquent toutes présence[s] masculines et les oblige[nt] à danser jusqu'à ce que mort s'en suive.

– Maman ! paniqua-t-elle soudain, il y a mon maquillage qui coule !

– En effet. Viens, on va le rajuster dans les toilettes, ma chérinette.

Je les accompagnais. Pendant que Madame Lepic sortait une trousse à maquillage de son sac, Cécile ne quittait pas son reflet des yeux. Eye-liner, mascara, fard à paupière… je me sentais de plus en plus laide à côté d'une Cécile pomponnée comme un cygne.

– Est-ce que vous pouvez me mettre un peu de rouge, à moi aussi ? demandai-je timidement.

– Je suis désolée, Lola, mais le maquillage, ça ne se prête pas.

Comme elle voyait que j'étais déçue, elle ajouta :

– Ne t'inquiète pas. C'est ta première audition, alors de toute façon, tu n'as aucune chance. Profite d'être ici pour apprendre. Tu sais, Cécile a dû beaucoup travailler avant de réussir son premier casting.

Ça ne me remontait pas vraiment le moral…

– Je n'ai pas envie d'y retourner tout de suite ! dit soudain Cécile. Est-ce que je peux aller chercher une boisson dans le hall, maman ? Lola vient avec moi.

– Quoi ? paniquai-je. Mais s'ils nous appellent et qu'on n'est pas là ?

– Je viendrais vous chercher. Cécile a raison, vous avez mérité une pause, les filles.

Mes pointes à la main, je suivis donc Cécile dans les escaliers. Arrivée au distributeur du hall, elle glissa une pièce dans la fente pour obtenir un soda.

– Tu ne prends rien ? me demanda-t-elle.

– Non, je n'ai pas d'argent.

J'espérais qu'elle me proposerait une gorgée de son coca, mais elle n'y pensa pas.

– À force d'attendre mon tour, je vais finir par me refroidir complètement ! râla-t-elle.

– On a qu'à utiliser cette chaise en guise de barre !

Je posais mon pied sur le dossier de la chaise et recommençai mes étirements. Ça forçait un peu. Moi aussi, je m'étais refroidie.

–Ah oui, super idée ! dit Cécile et PAF ! Elle me poussa pour prendre ma place.

– Dis donc, tu pourrais attendre que j'aie fini !

– Désolée, mais je suis prioritaire. J'ai quand même beaucoup plus de chances que toi de réussir cette audition.

De dépit, je m'installai dans un coin du hall et enchaînai grands écarts, écrasement facial et autres exercices d'assouplissements. Quand on danse un peu sérieusement, c'est très important de s'échauffer à fond. Sinon, c'est le claquage assuré !

Comme ma rivale monopolisait la seule « barre » du hall, je me lançai dans un adage, un exercice lent et peu risqué. Développé croisé devant, puis derrière, grand rond de jambe en l'air en-dehors... Je travaillais un penché quand Cécile eut un rire moqueur :

– Pfff ! Il est ridicule, ton adage !

– Quand même pas ! fit une voix inconnue. Ça manque un peu de souplesse, c'est tout.

J'étais sûre d'avoir déjà entendu cette voix quelque part. Je me retournais, et là... Ô surprise ! Matthew Perez en personne se tenait dans mon dos. À côté de lui, Cécile en était tellement bouche bée, que je crus que sa mâchoire allait tomber par terre.

– Salut, dis-je.

– Salut, tu es là pour l'audition ?

Cécile se reprit à ce moment-là et s'approcha de Matthew en battant des cils.

– Non, c'est juste une copine. Elle ne compte pas passer l'audition sérieusement. Elle est surtout là pour m'accompagner.

– Ah, c'est dommage, dit Matthew en me regardant dans les yeux. Je trouvais que tu avais beaucoup de grâce dans tes mouvements.

– Merci. Tu sais... pour le manque de souplesse, c'est surtout que j'ai peur de me blesser, mais je me donnerai à fond, au moment du casting !

– Je n'ai pas voix au chapitre pour le choix de ma partenaire. Du coup, je peux t'aider à t'échauffer, si tu veux. Personne ne pourra m'accuser de favoritisme !

– Si je veux... ? Oh oui, alors !

En un rien de temps, Matthew me tenait par la taille pour que je puisse m'entraîner sur mes dégagés en toute sécurité. C'était bien plus agréable que de faire ses exercices avec une chaise. Je voulus faire un clin d'œil à Cécile, mais son expression m'arrêta net : dans son costume blanc, elle était verte de jalousie.

– Je retourne voir ma mère, marmonna-t-elle au bout d'un moment, et sa silhouette remonta les escaliers en courant.

Après tout, qu'elle boude si ça lui chante. Moi, pendant ce temps, j'étais au paradis !

– Attention à ton en-dehors… Lève la jambe un peu plus haut… Très bien !

Matthew Perez me faisait vivre le plus bel échauffement de ma vie. Il était plus grand que je ne me l'étais imaginé, et aussi plus beau que dans mon souvenir ! Malheureusement, les meilleures choses ont une fin.

– Terminé ! dit-il soudain. Je dois rejoindre l'équipe, mais on se reverra peut-être pour ton bout d'essai ?

– Ce serait sympa.

J'aurais voulu que Matthew reste plus longtemps avec moi, mais il repartit vers les étages. Moi aussi, je devais remonter. Avant cela, il fallait juste que je récupère mes… POINTES ?!

Où étaient-elles ? Où était mon sac ? Je l'avais posé dans un coin, et maintenant il avait disparu ! Oh, non ! Sans mes pointes, je ne pourrais pas passer l'audition ! Comment était-ce possible ? Elles étaient là juste avant que Matthew ne me propose… Cécile ! Bien sûr, c'était elle ! Oh, la chipie !

Furieuse, je courus la rejoindre :

– Rends-moi mes pointes !

– Je ne vois pas du tout de quoi tu parles, me répondit cette traîtresse sur un ton ironique.

Sa mère intervint :

– Qu'est-ce qui te prend, Lola ? Si tu ne fais pas attention à tes affaires, tu es la seule responsable. Et puis d'ailleurs, c'est le tour de Cécile, ne la déconcentre pas.

Avec un grand sourire, ma rivale franchit la porte d'où l'appelait la dame qui s'occupait des candidates. Les larmes me noyaient déjà les yeux, mais je serrai les mâchoires. Quand on est une vraie danseuse, il faut savoir rester digne ! Même si parfois, tout est vraiment trop injuste…

Un quart d'heure plus tard, Cécile revint dans le couloir. Elle avait l'air moins fière. Comme la dame m'appelait, je me levais pour la suivre.

– Tu passes quand même l'audition ? s'étonna Madame Lepic.

Je haussais les épaules.

– Comme vous l'avez dit, je suis là pour apprendre, alors autant essayer !

La tête haute et les pieds nus, je pénétrais dans la pièce. Ils étaient trois derrière la caméra, plus la dame qui m'avait appelée. Matthew était sagement assis dans un angle. Il me fit un petit signe.

– Très bien, Lola. On va d'abord te demander de mimer plusieurs expressions : la colère, la peur, le bonheur, etc. Puis, tu liras quelques phrases face à la caméra. Et enfin, tu nous feras une petite démonstration de danse. Tu es prête ?

– Oui !

Je fis exactement ce qu'on me demandait. En fait, c'était plutôt rigolo et je passais un très bon moment. Derrière la caméra, ils avaient l'air de bien s'amuser aussi. Bref, tout se passait bien, mais évidemment, la situation se gâta au moment de danser.

– Tu n'as pas de chaussons ? s'étonna le caméraman qui avait cadré sur mes pieds.

– Non, mais je veux essayer quand même !

Les trois hommes derrière la caméra se mirent à chuchoter entre eux. Je saisis les bribes : « pas professionnel » et « nous fait perdre notre temps ».

Oh, non… Tout était fichu ! Je m'apprêtais à tourner tristement les talons, quand une volée de notes retentit dans la pièce. Quelqu'un avait lancé la musique ! Ni une, ni deux, je m'élançai et improvisai sur la mélodie. C'était ma chance !

Sans mes pointes, je ne pouvais pas faire les mouvements habituels, mais ce n'était pas grave ! La musique me portait, me soulevait ! J'étais une vague de l'océan, j'étais le souffle du vent ! Je dansais ! Je ne savais plus trop ce que je faisais, je m'abandonnais simplement à la musique.

Au bout d'un temps assez long, une salve d'applaudissements m'interrompit.

– J'adore ! s'exclama un des hommes. J'A-DO-RE ! C'est tellement Isadora Duncan* ! C'est tellement Pina Bausch* ! Chez une danseuse si jeune, incroyable !

– Oui, enfin c'est pas classique-classique, tout ça… maugréa le cameraman.

– Et alors ? Je suis le chorégraphe, c'est moi qui décide ! Félicitations, petite ! Tu viens d'avoir le rôle.

J'étais tellement surprise que je n'osais pas laisser éclater ma joie. Mon regard tomba sur Matthew, qui avait les deux pouces levés en signe de victoire. Il se tenait près de la sono, c'était lui qui avait mis la musique en route.

– Tu sais, tu as eu une idée de génie en dansant pieds nus, me chuchota-t-il, parce qu'en fait, notre chorégraphe n'aime pas trop les ballets classiques…

Alors, je pensai à Cécile qui m'avait aidée sans le savoir et j'éclatai de rire.

* **Isadora Duncan** (1877-1927), célèbre danseuse américaine qui privilégiait le natu dans la danse et posa les bases de la danse moderne.

* **Pina Bausch** (1940- grande chorégraphe allemande qui travaill le rapport au corps et aux émotions dans la danse.

Giselle *est l'un de mes ballets favoris car le travail du personnage est très riche. J'ai une petite préférence, en tant qu'interprète, pour ce ballet romantique par rapport à* La Sylphide.

Créé quelques années après La Sylphide *par Carlotta Grisi, chorégraphié par Jules Perrot/Jean Corralli et Marius Petipa,* Giselle *est un ballet abouti et plus « moderne ». La position des bras est plus allongée et le ton plus grave. Pour l'interprète principale, l'autre différence importante est que, si la Sylphide est un symbole de la féminité idéale et une sorte de lutin tout au long du ballet, Giselle est elle une vraie jeune fille à l'acte I et un fantôme à l'acte II. Cette opposition donne un éventail d'interprétation plus large et deux styles de danse bien distincts entre les deux actes, comme s'il s'agissait de deux personnages différents, l'un réel et l'autre rêvé.*

Il y a aussi cette fameuse « scène de la folie » du premier acte dans laquelle il faut parvenir à raconter l'histoire quasiment sans un pas de danse, juste par le jeu de scène. C'est un travail d'acteur sans parole passionnant. La richesse de ce rôle permet de l'approfondir tout au long d'une carrière.

Giselle

de Christine Féret-Fleury
d'après le ballet d'Adolphe Adam
Illustrations de Magali Fournier

Giselle

Au bord du Rhin, les collines sont couvertes de vignobles que le soleil, à l'automne, pare de teintes dorées. C'est là que s'élevait, il y a bien longtemps, une auberge accueillante où l'on pouvait savourer le vin nouveau en contemplant le cours majestueux et lent du fleuve.

L'aubergiste et sa femme n'avaient qu'une fille, la jolie Giselle. Toute la douceur de leur vie était là, dans les chants joyeux de la demoiselle, qui aimait tant la musique et les fêtes. À la moindre occasion, elle se mettait à tourbillonner, gracieuse, au bras de quelque garçon du voisinage. Sa mère s'inquiétait de ce goût excessif pour la danse, et craignait qu'il ne finît par nuire à la santé de son unique enfant.

– On a vu des exemples de filles tombées mortes pour avoir trop dansé, la sermonnait-elle. Prends garde, Giselle !

Giselle riait, embrassait sa mère, promettait de faire bien attention… et oubliait aussitôt l'avertissement.

Giselle avait une autre raison de croquer la vie à pleines dents : elle était amoureuse. Un jeune forestier nommé Loys, qui habitait depuis peu une cabane dans les bois, avait su toucher son cœur. Hilarion, le garde-chasse, qui aimait depuis longtemps la jeune fille et l'avait plusieurs fois demandée en mariage, en était désespéré. Aussi gardait-il un œil sur son rival, dans l'espoir de le prendre en défaut.

Il n'eut pas à attendre bien longtemps : un soir qu'il surveillait les abords de la cabane forestière, il vit Loys entrer en son

logis et en sortir quelque temps après, vêtu d'un luxueux costume, une épée au côté. Intrigué, il décida de renforcer sa surveillance. Jamais un simple forestier n'aurait pu se payer un pourpoint aussi richement brodé, pensa-t-il. À plusieurs reprises, il surprit le jeune homme qui regagnait la clairière aux premières lueurs du jour, paré de somptueux atours et chevauchant un destrier de grand prix.

Hilarion décida d'avertir Giselle, et attendit pour cela que ses parents soient occupés à servir les clients de l'auberge.

– Giselle, dit-il en s'approchant de la jeune fille, tu sais que je t'aime de tout mon cœur, et que je t'ai toujours considérée comme ma fiancée…

– Je ne suis pas ta fiancée, Hilarion, répondit la jeune fille sur un ton de reproche. Cesse de clamer partout qu'un jour tu m'épouseras ! Je suis promise à un autre.

– À un autre qui ne tiendra pas sa promesse, Giselle. Crois-moi, oublie cet homme ! Il n'est pas ce qu'il paraît.

– Que veux-tu dire ? le pressa Giselle. Crois-tu qu'en répandant des calomnies sur le compte de Loys, tu m'empêcheras de le préférer à tout autre ? C'est que tu ne connais rien à l'amour, mon pauvre garçon.

Hilarion, pris d'un scrupule tardif, refusa d'en dire davantage et s'éloigna, le cœur plein d'amertume.

Giselle l'oublia aussitôt, car Loys accourait à leur rendez-vous quotidien. Après avoir échangé de tendres serments, les deux jeunes gens se mirent à valser, attirant l'attention des vendangeuses qui, posant leurs paniers débordant de grappes mûres, n'hésitèrent pas à se joindre à la danse. Les jeunes filles virevoltaient autour de Loys et Giselle en agitant leurs tabliers brodés et en chantant. Un bien joli tableau… qui se figea quand la mère de Giselle, fort en colère, sortit de l'auberge.

– Te voilà encore à perdre ton temps au lieu de travailler ! cria-t-elle. Et vous autres, n'avez-vous rien d'utile à faire ? Je t'ai pourtant prévenue, Giselle : les filles qui aiment trop à danser en meurent, et se transforment alors en Wilis ! Veux-tu devenir une de ces créatures maléfiques ?

Les vendangeuses, effrayées, ramassèrent leurs paniers et s'éclipsèrent. Personne n'aimait entendre parler des Wilis, ces fantômes qui guettaient les voyageurs, la nuit, les entraînant dans une ronde frénétique jusqu'à ce qu'ils meurent d'épuisement. La mère de Giselle en profita pour faire rentrer sa fille dans la salle, et ferma la porte.

Loys, abandonné à lui-même, erra un long moment dans la forêt. Dissimulé derrière le mur du verger, il avait entendu les insinuations d'Hilarion, et son cœur se gonflait de tristesse, car il se sentait bientôt démasqué.

Le garde-chasse, hélas, avait raison : Loys n'était pas un simple forestier. Il se nommait en réalité Albrecht et portait le titre de duc de Silésie. Ses parents l'avaient fiancé, alors qu'il n'était encore qu'un enfant, à la fille du duc de Courlande, Bathilde. Mais contre toute attente, il était tombé amoureux de Giselle. Jamais son père ne lui permettrait d'épouser une paysanne. S'il apprenait la vérité, sa colère serait terrible.

Tandis que Loys ruminait ainsi de sombres pensées, le son d'une fanfare parvint à ses oreilles. C'était la chasse du duc de Courlande, accompagné de sa fille Bathilde. La compagnie fit halte à l'auberge et réclama rafraîchissements et victuailles, que les parents de Giselle s'empressèrent de disposer sur une table recouverte de leur plus belle nappe. Le duc de Courlande ayant émis le souhait d'être diverti, la mère de Giselle oublia ses conseils de prudence et permit à sa fille de se joindre à ses amies qui enchaînaient en riant d'allègres danses paysannes.

Loys, fasciné par la beauté et la grâce de celle qu'il aimait, s'était peu à peu rapproché de l'auberge, au risque d'être vu. Mais qui aurait pu le reconnaître sous son déguisement de pauvre forestier ?

C'est alors qu'Hilarion apparut, brandissant triomphalement une épée étincellante et un pourpoint galonné d'or. À cette vue, les jeunes filles cessèrent de danser.

– Je te l'avais bien dit, Giselle ! cria-t-il. Cet homme, ce Loys, est un imposteur ! C'est un riche et noble seigneur, et quand il se sera bien amusé avec toi, il t'abandonnera ! En voici la preuve ! Devine où j'ai trouvé ceci ? Dans la cabane de ce fourbe !

– Menteur !

Poussé par la colère, Albrecht s'avança à découvert.

– Cette arme et ces habits ne sont pas à moi ! Giselle, ne le crois pas !

Bathilde de Courlande dévisagea le jeune homme. Ses traits lui paraissaient familiers… Où l'avait-elle déjà rencontré ?

– Albrecht ! s'écria-t-elle tout à coup, très étonnée. Que faites-vous ici ?

Le duc s'amusait de cette rencontre.

– Quel étrange costume pour le fiancé de ma fille ! Vous êtes un original, mon cher. Vous mêler ainsi aux paysans…

Giselle regarda tour à tour le duc et sa fille, Hilarion et Loys, dont la pâleur révélait mieux qu'un aveu la culpabilité.

Elle poussa un cri atroce.

– Loys ! Dis-moi que tu ne m'as pas trahie !

Et comme le jeune duc, écrasé de remords, ne répondait pas, elle se mit à rire d'un rire aigu, dément, insupportable.

Puis elle se mit à danser follement, tournoyant, sautant au-dessus des bancs renversés, ses bras minces et blancs semblables à des ailes, ses pieds effleurant à peine le sol. Un sourire figé aux lèvres, le regard perdu, elle ne dansait plus : elle volait !

Enfin, lentement, doucement, comme une fleur de pommier portée par la brise, elle s'affaissa; ses paupières battirent encore une fois, puis elle ferma les yeux.

Giselle venait de mourir, d'amour, de douleur, son âme emportée par la fièvre de la danse !

Le soir même, Hilarion, le cœur brisé, voulut se rendre sur la tombe de celle qu'il aimait.

« Si je n'avais pas parlé, se disait-il, elle serait encore vivante. Je l'ai perdue à tout jamais, tout est de ma faute ! »

À minuit, il entra dans le petit cimetière. Des formes légères, impalpables, erraient entre les tombes : c'étaient les Wilis, conduites par Myrtha, leur reine, qui venaient chercher Giselle. À leur appel, le fantôme de la jeune fille se leva et les rejoignit.

– Tu es des nôtres, à présent, lui dit la reine avec douceur. Avec nous, tu danseras pour l'éternité !

Mais l'une des Wilis avait vu le garde-chasse approcher : elle donna aussitôt l'alerte.

– C'est Hilarion ! cria Myrtha. C'est lui qui a causé la mort de Giselle ! Punissons-le, mes sœurs, il le mérite !

Aussitôt, les spectres agitèrent leurs voiles blancs et entourèrent le malheureux. Leurs mains diaphanes l'empoignèrent par les bras, le forçant à pirouetter, le repoussant d'un côté, puis de l'autre. Hilarion, envoûté, ne fut pas long à entrer dans cette danse hallucinée qui le mena au bord d'un étang profond. Il perdit pied rapidement et sombra dans l'eau noire.

Pendant ce temps, Giselle s'était rapprochée de sa propre tombe, comme si elle hésitait encore à se joindre à celles qui venaient de châtier si cruellement Hilarion. C'est là qu'elle trouva Albrecht, agenouillé, qui pleurait à chaudes larmes.

– Giselle ! murmura-t-il en l'apercevant. Je n'espérais pas te revoir…

Il voulut la prendre dans ses bras, mais le fantôme se déroba, flottant à quelques centimètres du sol.

– Oublie-moi, Loys, soupira Giselle. Épouse Bathilde ! Ton père n'aurait jamais consenti à notre mariage. Je te pardonne, car je suis délivrée désormais de tous mes chagrins, et je danserai jusqu'à la fin des temps… Mais va-t-en, vite ! Il ne faut pas que les Wilis te voient !

Trop tard ! La voix de Myrtha s'éleva, irritée :

– Que fait cet humain en ce lieu ? La nuit, le royaume des morts est nôtre : nul ne peut en franchir le seuil ! Il doit mourir !

– Non !

Giselle joignit les mains.

– Par pitié, ne lui faites pas de mal !

Albrecht, terrorisé, tenta de s'enfuir, mais les Wilis voltigeaient autour de lui, menaçantes. Elles se rapprochaient, en dépit des supplications de Giselle.

– Loys, s'écria-t-elle soudain, regarde-moi ! C'est avec moi que tu dois danser ! Surtout, ne me quitte pas des yeux… pas un instant ! Fais-moi confiance !

Et elle entraîna le jeune duc dans une danse lente et triste, s'interposant sans cesse devant l'essaim de Wilis qui tentait de l'arracher à sa fascination pour le conduire à sa mort.

Elle dansa comme elle n'avait jamais dansé et lui révéla, dans cet ultime abandon, l'immensité de son amour.

Cela dura jusqu'aux premières lueurs de l'aube, qui précipitèrent la fuite des fantômes. Avec des cris de rage et de dépit, les Wilis tournoyèrent une dernière fois, puis elles semblèrent se dissoudre dans le brouillard.

Avant de s'effacer à son tour, Giselle adressa à son bien-aimé un dernier sourire. Son cœur était en paix : elle l'avait sauvé.

J'ai un cauchemar récurrent : ne jamais atteindre le théâtre le soir du spectacle pour des motifs rocambolesques !

En réalité, cela m'est arrivé une fois, le soir d'une représentation de La Belle au bois dormant *: j'étais « sujet » dans le corps de ballet et, à cause des embouteillages, je n'ai rejoint le théâtre que quelques minutes avant le lever du rideau. Impossible de me chauffer, j'ai dû me maquiller, me coiffer et enfiler mon costume en moins de trois minutes : la panique !*

Je m'en suis très bien sortie sur le moment, peut-être mieux que d'habitude car ma concentration était à son maximum, mais le lendemain les courbatures étaient terribles. Je ne pouvais presque plus bouger !

Des ailes aux pieds

de Christine Féret-Fleury

Illustrations de Alexandra Petracchi

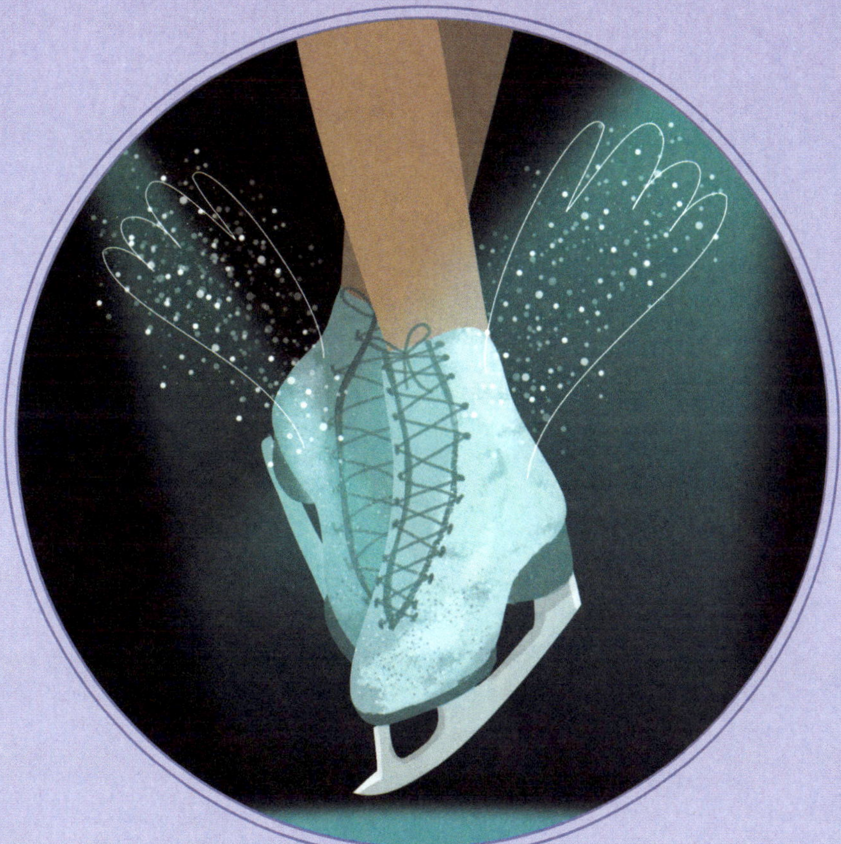

Des ailes aux pieds

Pour la centième fois peut-être, Sonia consulta sa montre. Dix heures vingt ! Elle aurait déjà dû être dans les vestiaires, s'étirer, s'échauffer méthodiquement, comme son professeur, Darina Alexeïevna, le lui avait appris. En fermant les yeux, elle pouvait presque sentir l'odeur de tissu neuf des tuniques de compétition, le parfum de cuir des patins, et aussi celui de la bombe de laque que son amie Nathalie emportait partout avec elle, ses cheveux fuyaient les épingles, son chignon se dénouait à chaque pirouette, ou presque.

Elle aurait dû y être.

Mais pourquoi n'avait-elle pas pris le car avec les autres ? Pourquoi s'entêter à faire le trajet seule ?

Elle voulait arriver en avance, se balader un peu autour de la patinoire, « sentir l'ambiance »... C'est ce qu'elle avait prétexté. La vérité, c'est qu'avant chaque compétition, Sonia ressentait un besoin impérieux de solitude. Les bavardages des autres l'exaspéraient.

– Si je passe mon triple, je ne peux pas avoir moins de... en technique, d'accord, mais j'aurais dû travailler davantage mes arabesques... je suis sûre de rater ma combinaison de sauts, si, j'en suis sûre ! Et l'horoscope des Verseau, aujourd'hui, c'est quoi ?

À devenir folle...

Le train ne repartait toujours pas. Bloqué à mi-pente de la colline qui surplombait la ville. Si elle avait pu se pencher hors du wagon, Sonia aurait aperçu le toit de la patinoire, au bord du lac. Elle aurait vu les drapeaux des dix nationalités représentées au Trophée Juventa claquer dans le vent qui soufflait en rafales.

« Pour des raisons techniques, notre train est arrêté en pleine voie. Merci de ne pas chercher à descendre des voitures… »

Sonia serra plus fort contre elle le gros sac qui contenait son équipement, et ferma les yeux.

« Oh non ! par pitié, pas ça. Pas aujourd'hui. Si je ne peux pas participer… Tout est fini. »

Darina Alexeïevna s'était montrée très claire : seuls les patineurs bien classés au Trophée Juventa pouvaient espérer être qualifier pour les prochains championnats nationaux. Si Sonia ne se présentait pas, ses espoirs de carrière seraient anéantis ; elle prendrait un retard qu'elle ne pourrait plus rattraper.

C'était la loi du sport. Impitoyable.

À dix heures trente-trois, le train s'ébranla, avança par saccades sur quelques centaines de mètres, stoppa à nouveau, puis redémarra. Les dix minutes qui suivirent durèrent, pour la jeune patineuse, dix siècles : le cœur battant, elle guettait chaque secousse, chaque amorce de ralentissement. Enfin, la rame entra en gare et s'immobilisa dans le tintement des portes qui s'ouvraient.

Sonia sauta sur le quai. En courant, elle pouvait être à la patinoire dans cinq minutes. Dix minutes pour mettre sa tunique, ses collants et ses patins ; elle demanderait à Nathalie, qui avait la main rapide et sûre, de la maquiller. Avec un peu de chance, elle ne raterait pas l'échauffement sur la glace…

Elle courut. Elle n'avait jamais couru aussi vite. Pour la toute première fois, elle n'avait pas besoin de chausser ses patins pour sentir qu'elle avait des ailes aux pieds.

Ses pieds allaient la sauver.

Mais quand elle entra, hors d'haleine, dans le vestiaire, il était vide. D'un coup d'œil, elle vérifia l'heure à l'horloge murale. Non ! Sa montre avait du retard. Les autres étaient déjà montés.

Elle se changea en toute hâte, éparpillant ses vêtements, donna un coup de brosse et de spray à ses cheveux courts – quelle chance de ne pas avoir à faire un chignon ! – renonça au maquillage, chaussa ses lames et se précipita dans l'escalier qui menait à la piste. La voix du speaker résonnait à ses oreilles, mais elle ne prêta pas attention à ses propos. Sur la glace, un groupe de patineuses s'échauffait : Sonia repéra la tunique rouge de Nathalie et s'avança vers le portillon.

– Non, Sonia. L'échauffement est terminé. Elles reviennent.

La voix de Darina était aussi glacée que le regard de ses yeux bleu clair.

– Je ne te demanderai pas comment tu as réussi à gâcher toutes tes chances. Cela ne m'intéresse pas. Je suppose que tu déclares forfait ?

Tout se mit à tourner devant les yeux de Sonia – la piste, les silhouettes des patineuses, les gradins. Renoncer. Si près du but.

Impossible.

Ses lèvres remuèrent.

– Non. Je ne déclare pas forfait.

– Tu vas à la catastrophe, tu en es consciente ? Jamais je n'ai permis…

– Je prends le risque. Et vous ne pouvez pas m'en empêcher.

Darina Alexeïevna la fixa un long moment, puis haussa les épaules.

– Comme tu veux. Tu es prévenue. Il y aura des sanctions, tu t'en doutes.

Puis elle s'éloigna vers les autres élèves, qui attendaient ses derniers conseils.

Nathalie posa une main sur l'épaule de son amie.

– Tu m'as fait si peur ! chuchota-t-elle. Je n'arrêtais pas de regarder ma montre, je ne pouvais pas y croire. Tu vas y arriver ?

– Bien sûr que je vais y arriver, affirma Sonia.

Mais elle était bien loin de ressentir l'assurance qu'elle affichait.

Sonia devait passer en quatrième position de son groupe de six patineuses ; elle profita des deux premiers programmes pour s'assouplir. Darina Alexeïevna l'ignorait ostensiblement. Accoudée à la barrière, elle suivait les enchaînements avec attention, notant chaque erreur, imaginant déjà comment les rectifier.

Nathalie, juste avant son amie, s'élança sur la glace : elle avait choisi d'élaborer son programme libre sur la musique de *Carmen*, qui s'harmonisait avec sa tunique rouge à volants et la mantille de dentelle noire qui couvrait ses épaules.

Sonia reprenait son souffle. Ses muscles étaient encore raides. Aurait-elle l'endurance nécessaire pour enchaîner les sauts ? Elle avait prévu des combinaisons difficiles, qui lui rapporteraient des points si elle les passait correctement. Peut-être serait-il plus raisonnable de transformer l'un des triples sauts en double ? Assurer le sans-faute… Non ! Son cœur battait trop fort, ses jambes tremblaient. Quitte à échouer, autant prendre tous les risques…

Nathalie attaquait la partie lente de son programme. Jusque-là, elle s'en tirait bien. Sa prestation manquait peut-être un peu de brillant, mais techniquement, c'était impeccable. Sonia inspira profondément et ferma les yeux. Dans deux minutes, elle serait sur la glace.

Des applaudissements crépitèrent. Nathalie patinait vers la barrière, essoufflée, le sourire aux lèvres.

– Pas mal, dit Darina Alexeïevna. Contrat rempli.

Les deux jeunes filles se frôlèrent. Nathalie, au passage, serra la main de Sonia.

– Vas-y, souffla-t-elle. Tu es la meilleure.

Déjà, Sonia prenait de la vitesse. Le milieu de la piste, blanc et vide, l'invitait. Elle freina sec, se plaça, la tête levée, le dos cambré, un bras tendu devant elle, tandis que les premières notes de musique résonnaient.

Danse avec les loups. Une musique lente, enveloppante. Darina Alexeïevna avait tiqué.

– Ça manque de rythme, avait-elle remarqué.

– Je n'ai pas besoin d'une musique rapide pour patiner vite, avait rétorqué Sonia.

Elle s'était reconnue dans cette mélodie : les grands espaces, la nature sauvage... Dès qu'elle s'élancerait, elle deviendrait louve, courant librement dans la forêt enneigée. Prendre de l'élan. Calmer le souffle. Sans échauffement, elle aurait du mal, elle le savait, à tenir les quatre minutes réglementaires.

Le premier saut, un double Lutz, passa sans problème. Sonia écarta ses dix doigts, comme si elle avait voulu griffer la voûte qui s'arrondissait loin au-dessus de sa tête. La louve grondait au fond de sa gorge. Leur montrer ! Leur montrer, à tous ! Et surtout, se prouver à elle-même que rien ne pouvait l'abattre, rien !

« Ne te monte pas la tête. C'était un saut facile. Tu n'es pas encore au bout. »

La première combinaison, à présent : double Salchow — double boucle piqué. Penser à maintenir la vitesse, car les juges notaient très sévèrement les défauts de glisse.

Tout allait bien, pour le moment. D'après le déroulement de son programme, répété cent fois, elle était au bout de la première minute, et ne ressentait encore aucun signe d'essoufflement. D'un mouvement fluide, elle se retourna, patina en arrière, se mit en position d'arabesque, un pied très haut, la main frôlant presque la glace. Sur sa manche, elle voyait scintiller les paillettes blanches censées évoquer un saupoudrage de neige sur la robe grise de la louve…

« Respire. Ça va aller. »

La pirouette combinée. En arabesque, assise, puis debout, les mains levées. Se transformer en tourbillon. Sonia adorait cette sensation.

Ce fut immédiatement après, pendant la séquence de petits pas, qu'elle avait toujours réussie jusqu'alors, que l'incident se produisit. Une faute de carre. Une faute de débutante.

Sonia perdit l'équilibre et faillit tomber. Pour se rétablir, elle dut poser une main sur la glace. Avec un temps de retard, elle enchaîna sur la figure suivante, une autre pirouette. Sa préférée, la Billman, où sa lame de patin droit, fermement tenue à deux mains, frôlait presque ses cheveux.

Sonia souriait toujours, mais son cerveau affolé faisait le compte des points que cette erreur allait lui coûter.

Une main sur la glace, rupture de rythme… comment allait-elle pouvoir rattraper ça ?

Il lui restait plusieurs sauts, et une autre combinaison. Un triple Salchow rétablirait peut-être sa moyenne. Avec le stress et la fatigue qui lui plombaient les jambes, le réussirait-elle ? Jusqu'à présent, elle n'avait tenté ce saut qu'à l'entraînement…

Mais si elle s'en tenait à son programme, elle ne figurerait pas dans les dix premiers.

Pour gagner, il fallait tout risquer, quitte à tout perdre.

Les tribunes défilaient autour d'elle. Vite. De plus en plus vite. Un brouillard coloré où elle ne distinguait aucun visage.

Plus vite. Plus vite encore. Utiliser la vitesse acquise. Saut écarté. Combinaison triple boucle - double boucle piqué. Et maintenant… le triple Salchow.

Elle glissa, se retourna souplement, prit son appel.

Une seconde d'envol. Puis la réception.

Son genou fléchit, mais elle se redressa aussitôt.

Alors qu'elle terminait sur une dernière pirouette, elle entendit la première vague d'applaudissements.

Quand les notes tombèrent, Sonia posa sa tête sur l'épaule de Nathalie et pleura de soulagement.

Quatrième. Nathalie était huitième. Toutes deux tenaient leur sélection.

Darina Alexeïevna s'approcha des deux filles.

– Sonia, il faudra qu'on parle… mais en attendant, bravo. Tu as l'étoffe d'une championne !

– Tu avais des ailes aux pieds, aujourd'hui, chuchota Nathalie.

Sonia sourit. Des ailes aux pieds. Elle espérait les garder longtemps. Tant que la passion de patiner l'habiterait.

Pour la mener vers les sommets.

C'est un des plus beaux ballets romantiques du répertoire qui utilise beaucoup de « machineries de théâtre » cachées dans les décors : un petit ascenseur qui fait descendre la Sylphide de sa fenêtre sans qu'elle paraisse bouger, une planche à roulette tirée par un fil qui la fait traverser la scène telle un fantôme, des effets de fumigènes, ou encore des harnais qui portent les danseuses dans les airs et les transforment en sylphides volantes…

Ce ballet a été remonté par Pierre Lacotte en France et Auguste Bournonville au Danemark, d'après les archives de Philippe Taglioni, et les gravures de Marie Taglioni, sa fille, créatrice du rôle… Il a été déterminant dans l'affirmation du style romantique pour l'art chorégraphique et pour les costumes : ces jupes longues en tulle et mousseline rendent parfaitement le caractère vaporeux et insaisissable de ses personnages.

C'est avec beaucoup de respect et de curiosité que j'ai interprété ce rôle qui m'a transporté dans l'histoire de la danse en repensant au travail passionnant de recherche que ces danseuses ont dû fournir, à l'époque, pour définir le style romantique et donner cette impression de flotter au-dessus de la scène…

La Sylphide

de Audrey Alwett
d'après le ballet de Philippe Taglioni
Illustrations de Amélie Thiebaud

La Sylphide

Personne ne l'avait vue passer. La petite fée des bois s'était faufilée dans le manoir et était venue se chauffer au coin de la cheminée. C'était une sylphide des plus charmantes, avec deux ailes de papillon et une longue jupe blanche, dont les plis ondulaient avec grâce lorsqu'elle voltigeait.

Elle s'était perdue dans cette grande maison, comme un oiseau entre par une fenêtre et s'étourdit de pièce en pièce. Affolée, elle s'était posée quelques instants au coin du feu, quand une légère brise avait fait frissonner ses ailes : c'était le souffle d'un dormeur, alangui dans un fauteuil. Comme il était beau ! Les fées ont le cœur fragile, et celui de la Sylphide fondit aussitôt.

Elle se mit à danser autour du dormeur, le berçant dans la douceur d'une valse aérienne. Arabesques, grands jetés et fouettés… Par leur mouvement, les petits pieds de la fée tissaient le plus délicieux des sortilèges d'amour. Elle avait tant de grâce, que le dormeur se sentit ému jusque dans ses rêves…

– James ? Où es-tu, James ?

L'appel réveilla l'homme en sursaut et la Sylphide disparut aussitôt : un intrus venait d'entrer dans la pièce.

– Gurn ! s'exclama le dormeur éveillé. Si tu savais quel songe je viens de faire ! Il y avait cette jeune fille qui dansait autour de moi ! Et elle était si belle ! On aurait dit une fée !

À ces mots, le nouveau venu fronça les sourcils :

– Il vaudrait mieux que ta fiancée n'entende pas cela ! Je te rappelle que tu dois te marier aujourd'hui, James.

De confusion, le rouge monta aux joues du dormeur :

– Tu as raison, Gurn. Je me suis laissé troublé par une chimère, oublions cet incident.

Il n'avait pas fini sa phrase qu'une armée de grelots se fit entendre. C'étaient les rires de tout un groupe de demoiselles qui arrivait au manoir.

– Quand on parle de la rose, on en sent le parfum, déclara Gurn. Voici justement la future mariée ! Tu ne connais pas ta chance d'épouser Effie, c'est une jeune femme remarquable !

Et en effet, Effie s'avançait, rayonnante dans son costume de mariée.

– Oh, James ! Ne trouves-tu pas ma robe magnifique ?

Elle se jeta au cou de son fiancé et l'embrassa. À cet instant, un soupir de désespoir se fit entendre dans la pièce, suivi d'un léger sanglot. Effie jeta un regard soupçonneux à ses amies, mais c'était probablement le bruit du vent, car aucune ne semblait triste. En fait, les demoiselles étaient tout excitées par le mariage à venir et ne cessaient de glousser en se poussant du coude. Soudain, l'une d'entre elles pointa le doigt vers la fenêtre et s'écria :

– Regardez, là-bas ! C'est Madge, la vieille sorcière !

Alors, toutes se mirent à appeler :

– Madge ! Ohé, Madge ! Venez nous dire la bonne aventure ! C'est la tradition pour un mariage !

La sorcière les avait entendues et s'avança vers le manoir. Madge était une horrible teigne, sale comme un peigne et qui n'avait plus qu'une dent. Elle détestait les histoires d'amour parce que personne ne l'avait jamais aimée, et adorait annoncer des mauvaises nouvelles. Mais comme elle prenait toujours un air triste pour faire des prédictions qui ne rataient jamais, les gens la toléraient.

La première jeune fille lui tendit la main en frissonnant un peu :

– Ce soir, tu feras une indigestion ! lui révéla la vieille Madge.

Tout le monde se mit à rire. Ça n'a rien d'étonnant, pensa-t-on, avec le festin qui est prévu ! La deuxième demoiselle donna la main à son tour.

– Toi, tu attraperas un rhume avant demain !

– C'est normal, s'exclama-t-on, c'est ce qui arrive quand on danse toute la nuit dans les prés.

– À moi ! À moi ! dit alors Effie en présentant sa paume.

– Toi, tu vas te marier, mais pas avec James, parce qu'il en aime une autre. Tu épouseras Gurn !

Ces propos jetèrent un froid dans l'assistance.

– Espèce de méchante teigne ! s'exclama James en bousculant la sorcière. Espèce d'horrible grincheuse qui raconte des mensonges pour faire du mal aux gens ! Hors d'ici, oiseau de malheur !

Et il jeta la sorcière hors du manoir, si violemment, qu'elle atterrit dans l'herbe sur son derrière osseux. Madge était scandalisée. Elle partit en grommelant :

– Malotru ! Est-ce ainsi qu'on traite les vieilles dames ? Ah, mais tu ne l'emporteras pas au paradis, blanc-bec ! Je l'ai bien vue, moi, la Sylphide qui te regardait avec un air énamouré ! Elle volait en silence au-dessus de vous tous, mais j'ai l'œil, moi, le mauvais œil même ! Tu verras !

Et la sorcière retourna dans sa grotte où elle versa quantité de mixtures puantes dans un chaudron. « Tu verras, tu verras ! » ne cessait-elle de répéter.

Pendant ce temps, au manoir ce n'était que jeux et rires. Les préparatifs de la noce étaient presque terminés et les jeunes gens s'amusaient à une partie de cache-cache en attendant la cérémonie. C'était à James de trouver les autres joueurs et il fouillait partout : dans l'horloge, dans les armoires, sous les tables… Quand soudain, cachée derrière une porte, il découvrit la Sylphide. Ses yeux s'arrondirent de surprise.

– Qui êtes… ? Mais il s'interrompit car son cœur venait de reconnaître la jeune fille de ses rêves.

– Je suis amoureuse de vous, dit la fée, et elle déposa un baiser papillonnant sur ses lèvres. Après quoi, voyant une fenêtre ouverte, elle s'envola vers la forêt.

James ne réfléchit pas un seul instant.

– Ne partez pas ! Attendez-moi ! s'écria-t-il en s'élançant à sa poursuite. Et tous deux s'enfoncèrent sous le couvert des arbres.

Cependant, caché sous un bureau, Gurn n'avait pas perdu une miette de la scène.

– Alors ça, c'est trop fort ! Effie ! Effie ! Ton fiancé vient de partir avec une autre femme !

Entendant ces mots, Effie sortit du placard où elle était cachée.

– James ? Parti ? Mais c'est impossible !

– Eh bien dis-moi où il est, si tu ne me crois pas ! Il s'est enfui avec elle dans la forêt, voilà la vérité.

Atterrée, la fiancée fondit en larmes dans les bras de Gurn. Puis, elle se reprit :

– C'est forcément un malentendu ! Partons tous à sa recherche, je suis sûre qu'il pourra nous expliquer.

Alors qu'au manoir la fête tournait au désastre, James avait rattrapé sa Sylphide qui lui faisait maintenant découvrir

son royaume. C'était une clairière envahie par les fleurs que d'autres fées butinaient joyeusement. Une brise légère balayait un air parfumé. Là, tout n'était qu'ordre et beauté, luxe, calme et voluptés.

Au milieu de tout cela, les jeunes filles ailées formaient des rondes. Enchanté par tant de merveilles, James les rejoignit bientôt et se mit à danser avec elles. Sa petite fée des bois lui tenait la main bien fort et lui réchauffait le cœur. Il se sentait follement amoureux d'elle.

Soudain, une jeune fille tressaillit :

– On vient par ici !

Ce fut comme une volée de papillons effrayés : toutes les fées s'enfuirent d'un coup.

– Ah non, pas encore ! s'exclama James qui tenta une nouvelle fois de suivre son aimée.

Alors qu'il quittait la clairière, il ne vit pas qu'arrivaient à sa suite tous les invités de son mariage. Ces derniers le cherchaient depuis maintenant plusieurs heures et Effie avait déjà versé des rivières de larmes.

– Nous ne le trouverons pas ! répétait-elle. Oh, je suis sûre qu'il m'a abandonnée !

À cet instant, la sorcière Madge se matérialisa aux côtés de Gurn.

– Tu devrais en profiter pour la demander en mariage, lui souffla-t-elle.

Gurn fut un peu surpris, mais dans le fond, Effie lui plaisait depuis longtemps. Alors, il mit un genou en terre et dit :

– Il n'est pas dit que ce mariage sera annulé. Effie, je t'ai toujours aimée, veux-tu m'épouser ?

Et contre toute attente, Effie accepta. Tout à coup, la noce retrouva sa bonne humeur et repartit vers le manoir pour y célébrer le mariage. On avait assez traîné comme ça !

Ces événements échappèrent complètement à James qui ne revint dans la clairière que lorsque tout le monde en fut parti. Sa Sylphide s'était envolée sans lui et il se sentait profondément malheureux de n'avoir pu la suivre dans les cieux.

Il se lamentait sur son sort quand la voix éraillée de Madge résonna au creux de son oreille.

– Tu es à terre et elle en l'air, c'est bien triste. Mais si l'amour porte des ailes, n'est-ce pas pour voltiger ?

James répondit sans réfléchir :

– Tout de même, j'aimerais bien pouvoir la garder près de moi davantage que quelques instants…

Alors, la sorcière déplia un long tissu de gaze devant lui :

– Peut-être auras-tu besoin de ceci ? Ce voile est ensorcelé. Si tu le poses sur les épaules de ton aimée, elle restera éternellement à tes côtés.

Éperdu de reconnaissance, James embrassa les joues pleines de verrues de la sorcière. Tout à son amour, il avait complètement oublié qu'il l'avait traitée d'oiseau de malheur à peine plus tôt dans la journée.

Madge se retira. Quant à James, il se plaça en embuscade au milieu des coquelicots.

Comme la clairière était à nouveau calme, les fées ne tardèrent pas à revenir et à reprendre leurs chants et leurs danses. James se tenait à l'affût. Soudain, il la vit juste devant lui : sa Sylphide !

Ni une, ni deux, il jeta le voile sur ses épaules.

La Sylphide poussa un cri. En un instant, ses ailes se racornirent et tombèrent, pour qu'elle puisse rester auprès de James, ainsi que la sorcière l'avait promis. Mais le voile était empoisonné, et la Sylphide se mit à trembler violemment. Les yeux emplis de larmes, elle s'effondra dans les bras de James.

– Je vous aimais tant… murmura-t-elle dans un souffle.

Ce fut le dernier. Elle mourut aussitôt.

– Tu es satisfait, j'espère ? cria l'horrible sorcière surgissant de sous les arbres. Dorénavant, tu pourras la garder avec toi pour toujours !

Et tandis qu'au loin, on entendait les noces de Gurn et Effie battre leur plein, James restait avec le corps de sa bien-aimée dans les bras.

« Malheur à celui qui succombe aux sortilèges des fées, songea-t-il. Car jamais je ne serai libéré de l'amour que je porte à ma Sylphide ! »

Et en effet, ses amis n'entendirent plus jamais parler de James. Sans doute préféra-t-il rester au milieu des fées qui lui rappelaient tant son aimée…

Il est intéressant de voir que l'histoire se répète quelle que soit l'époque : chaque danseur cherche le professeur idéal, plus précisément celui qui lui conviendra le mieux.

Le métier de danseur étant extrêmement fatiguant physiquement et moralement, il faut trouver la personne qui saura « pousser » le danseur à travailler plus pour dépasser ses limites à certains moments, et sentir son besoin de repos à d'autres moments. Le bon professeur est celui qui sait trouver l'équilibre entre les encouragements et la remise en question du travail, entre les compliments et les critiques… mais cet équilibre n'est pas le même pour tous les danseurs. Il faut trouver chausson à son pied !

Petit rat, dans les coulisses de l'Opéra

de Audrey Alwett
Illustrations de Alexandra Petracchi

Petit rat, dans les coulisses de l'Opéra

On est en novembre, et déjà, on gèle en salle de répétition. Dans leurs demi-pointes roses, je suis sûre que mes pieds sont devenus tout bleus. Pour y ramener un peu de vie, j'enchaîne les positions à toute vitesse, première, deuxième, troisième, quatrième, cinquième. Le poêle qui chauffe la pièce ne chauffe en vérité pas grand-chose. J'agite les plis de ma jupe en tarlatane juste devant pour faire fuir le froid. Maman dit que cet hiver 1872 sera encore plus glacé que celui de 1870, pourtant horrible parce qu'en plus, il y avait la guerre dans Paris. Enfin, de toute façon, je préfère être ici, à prendre des leçons de danse à l'Opéra Le Peletier, plutôt qu'à la maison.

– Mademoiselle Antoinette ! Voulez-vous arroser ce parquet au lieu de bayer aux corneilles ?

Aïe ! Notre professeur de danse me reprend à l'ordre. Je saisis l'arrosoir et me précipite pour mouiller le sol soigneusement. Il ne faudrait pas que l'une d'entre nous glisse et se casse une jambe par ma faute !

– Si vous avez froid, c'est que vous ne travaillez pas assez. Passez donc au milieu pour nous montrer la variation.

Le violoniste se met à jouer et le professeur scande la mesure en tapant sur le sol avec son bâton. Je me lance. Deux pas de valse, un tour fouetté, glissade, détourné et sissonne…

Le professeur a un hochement de tête pour me féliciter. Ouf ! En tant que petit rat, je n'ai pas droit à l'erreur si je veux un jour danser dans le corps de ballet !

Le cours se termine. Comme nous avons une heure de pause, j'abandonne les autres filles dans les vestiaires et je pars fureter du côté des grands, là où je peux rêver à mon avenir. Un jour, moi aussi je serai une célèbre ballerine !

Sur la pointe des pieds, je me faufile sans faire plus de bruit qu'une souris. Mon petit museau fouine le long des couloirs. Tout à coup, j'aperçois un filet de lumière. Incroyable, quelqu'un a laissé sa loge ouverte ! Je crois que c'est Natacha Seldon, une danseuse que j'admire beaucoup.

Pour l'instant, Natacha n'est que Second Sujet à l'Opéra, mais elle a tellement de talent que je suis sûre qu'elle deviendra bientôt Premier Sujet*. Pendant les représentations, je la regarde beaucoup, même si elle ne joue pas les premiers rôles. J'aimerais tellement être aussi douée qu'elle !

Je ne peux pas résister à l'envie de jeter un œil à la loge. Personne ne me regarde... Hop ! Je me glisse à l'intérieur. On dirait un boudoir de princesse : un miroir, des boîtes de fard, des poudres blanches, des poudres rouges... Plusieurs jupons pendent au mur. Ils sont couverts de paillettes, et ça scintille comme un conte des Mille et Une Nuits.

* À cette époque, les Étoiles n'existen Premier Sujet est la haute distinction d puisse rêver un dan

Tout à coup, un bruit de pas. Vite ! Je me cache derrière les costumes. La porte s'ouvre… C'est Natacha Seldon ! Elle revient certainement d'une répétition.

Oh la la ! Je suis cuite ! Si jamais elle croit que je suis venue lui voler quelque chose, elle va se mettre à crier et je serai renvoyée de l'Opéra ! Bien sûr, je n'ai pas d'intention malhonnête, mais est-ce qu'on me croirait, moi, petit rat de rien du tout ? Ma parole ne vaudrait pas plus que celle d'un rat d'égout ! Mes genoux se mettent à trembler, mais alors que j'imagine les pires catastrophes, j'entends la voix de Natacha :

– Il va finir par me casser les deux jambes ! Je suis si fatiguée !

Elle parle doucement à son miroir, et dans son reflet, son visage semble triste.

« Si fatiguée… »

Elle essuie son maquillage avec des chiffons et d'immenses cernes bleus apparaissent sous ses yeux. C'est vrai qu'elle a l'air épuisée, la pauvre ! Soudain, le reflet me trahit. Natacha m'a vue en train de la regarder.

– Tiens, qu'est-ce que tu fais là, toi ?

– Je… Désolée, j'étais entrée pour regarder, mais je n'ai touché à rien ! Promis !

– Petite curieuse, va ! Eh bien, puisque tu es là, assieds-toi sur ce coussin. Tu ne paieras pas plus cher.

J'avais peur qu'elle crie « au voleur ! », mais en fait elle est très gentille.

– J'ai une petite sœur qui te ressemble, m'explique-t-elle. Mais elle habite loin, je ne la vois presque jamais.

Pendant qu'elle parle, elle défait ses pointes. Elle a l'air d'avoir très mal aux pieds.

– Pourquoi êtes-vous aussi fatiguée ?

– C'est pas des histoires de petites filles, ça ! Tiens, prends plutôt une dragée. Un abonné de l'opéra m'en a offert une grande boîte.

Je tends la main avec ravissement quand un grand cri retentit :

– NATACHA !

– Oh, non ! s'exclame Natacha, il ne me laisse jamais souffler !

Puis, se tournant vers moi :

– Vite ! Cache-toi sous la coiffeuse ! Il vaut mieux qu'il ne te voit pas ici !

J'ai juste le temps de lui obéir quand la porte s'ouvre à toute volée. Un coup d'œil discret me permet d'identifier Monsieur Faurel, un professeur de l'Opéra.

– Natacha ! Comment oses-tu partir en pleine répétition ?

– Je croyais qu'on avait fini…

– On aura fini quand je le déciderai ! Et je le déciderai quand tu seras parfaitement au point ! Qu'est-ce que tu crois ? Que c'est avec de la paresse qu'on devient Premier Sujet ?

– Ce n'est pas de la paresse, je suis épuisée !

– Je ne veux pas le savoir ! En scène !

Ses pointes à la main, Natacha suit Monsieur Faurel et me laisse seule dans la loge. Je ne demande pas mon reste, je déguerpis aussi sec ! Mais la scène à laquelle je viens d'assister me trotte dans la tête. Elle a l'air gentille, Natacha, et puis surtout, elle a du talent. Alors pourquoi est-ce que son maître lui parle si durement ?

Dans les jours qui suivent, l'air de rien, je laisse traîner mes oreilles un peu partout. Personne ne fait attention au petit rat trotte-menu que je suis et je surprends de drôles de secrets ! Mais finalement, ce sont deux danseurs occupés à discuter dans les escaliers qui me révèlent l'affaire :

– Faurel est fou de faire travailler Natacha jours et nuits. Il va finir par la tuer !

– Ça, il s'en fiche, tant qu'elle devient Premier Sujet !

– Natacha est très douée, elle va sûrement y arriver. Mais pourquoi est-il si pressé ? Il prend beaucoup trop de risques avec elle !

– C'est parce qu'il n'a plus le temps d'attendre. Tu sais, chaque maître a son danseur vedette. Le problème de Faurel, c'est que, jusqu'ici, aucun de ses élèves n'est devenu célèbre. Du coup, l'Opéra veut le mettre à la porte, à la saison prochaine. Faurel n'a pas envie de quitter son poste de professeur, alors il mise tout sur Natacha, c'est sa dernière chance !

– Et c'est pour ça qu'il la fait autant travailler ? Eh bien, c'est n'importe quoi ! Si elle se brise les os, elle ne pourra plus jamais danser !

Poursuivant leur discussion, les danseurs s'en vont. Je me sens triste pour Natacha et très en colère contre le professeur Faurel. Il n'a pas le droit de faire ça ! C'est dégoûtant de risquer de blesser une danseuse ! Et tout ça pourquoi ? Pour devenir un professeur célèbre !

Malheureusement, que pourrais-je faire pour aider Natacha, moi, petit rat de rien du tout, presque un rat d'égout ? Pas grand chose…

Je décide quand même de lui offrir un cadeau spécial pour lui montrer mon admiration. Ça lui remontera le moral. Le problème c'est que je n'ai pas beaucoup d'argent. Je ne touche qu'un franc par spectacle, quand on me demande de faire de la figuration. C'est pas beaucoup. C'est pas assez. En plus, je donne presque tout à maman pour l'aider.

Dans la rue, je cherche ce que je pourrai acheter à Natacha. Il me faudrait quelque chose de joli et de raffiné, comme elle. Mais quoi ? Tout à coup, j'aperçois une vieille femme avec une belle rose blanche à la main :

– La dernière rose de l'année ! Qui veut acheter la dernière rose ?

Une rose au mois de novembre ! Ça, c'est exceptionnel ! Je demande son prix à la dame : un sou. C'est exactement ce que je possède.

Ravie, je repars en courant avec ma rose blanche. Quand j'arrive à l'Opéra, il fait nuit. La mélodie du piano et surtout les cris du professeur Faurel me permettent de trouver la salle où s'entraîne Natacha.

– NON, NON ET NON ! Qu'est-ce que c'est que ce port de bras ! RECOMMENCE !

Discrète, je me glisse dans un coin de la salle, à côté du pianiste. J'ai si hâte que la répétition se termine pour offrir ma rose à Natacha ! Je suis sûre que ça lui fera oublier toute sa fatigue !

– Ce sont des déboulés, ça ? RECOMMENCE !

À cet instant, le professeur Faurel fait signe au pianiste de reprendre. Comme il a tourné la tête, il m'épingle de son regard aigu.

– Qu'est-ce que tu fais là, toi ?

– Heu… Je suis juste venue apporter une rose à Natacha…

– Une rose ? Parce que selon toi elle mérite une rose ? Elle aura des roses quand elle sera Premier Sujet ! Pas avant !

Et l'horrible professeur m'arrache la fleur des mains, la jette par terre et la piétine sauvagement.

– Et maintenant, fiche le camp !

J'obéis, mais je suis si déçue que je commence à pleurer et j'ai bien vu que Natacha aussi. Dans mon dos, Faurel donne des indications au pianiste :

– On va reprendre ce passage. Et toi Natacha, recommence ! Ce soir tu n'es vraiment bonne à…

BLIMBADABLANG !

Quel terrible bruit ! Quand je me retourne, le professeur Faurel est par terre et se tient la jambe.

– Aaaïeuuh ! Je suis sûr que c'est cassé ! Appelez un médecin, vite !

Soudain, il m'aperçoit et s'exclame :

– Espèce d'horrible rat, c'est ta faute ! J'ai glissé sur ta fleur et je me suis cassé la jambe à cause de toi !

Alors lui, il est culotté quand même.

– C'est bien fait pour vous ! lui crié-je. C'est la dernière rose de l'année qui s'est vengée ! Vous n'aviez qu'à pas l'écraser.

Le médecin est arrivé tout de suite. Il a rassuré tout le monde, en fait c'était juste une entorse. Mais quand même, le professeur Faurel devrait rester allonger plusieurs semaines.

On l'a emporté sur une civière et Natacha s'est approchée de moi. J'ai vu qu'elle avait ramassé la rose écrasée sur laquelle il ne restait plus beaucoup de pétales.

– On dirait que, grâce à toi, je vais avoir un nouveau professeur. Merci pour ta rose, petit rat. Je la garderai toute ma vie en souvenir de toi.

Et vous savez quoi ? Après cette histoire, Natacha a trouvé un professeur beaucoup plus gentil. Quelques mois plus tard, elle est devenue Premier Sujet. Quant à moi, j'ai été acceptée dans le corps de ballet et je sais bien qu'un jour, je deviendrai comme elle : une grande danseuse !

Beaucoup d'artistes sont paralysés par le trac. Certains disent que c'est un mal nécessaire qui stimule et galvanise, d'autres ont ce que l'on appelle « le trac mou » qui tétanise les jambes et fait perdre tous ses moyens…

Je faisais plutôt partie de cette 2e catégorie étant enfant. J'ai réussi à dompter complétement mon trac par le travail. Je suis sereine sur scène lorsque j'ai bien répété et que je maîtrise totalement mon rôle. Pour moi qui étais très timide et peu bavarde, la danse et la scène ont très vite été un mode d'expression, une manière d'attirer l'attention sur moi, chose que j'étais incapable de faire dans la vie quotidienne.

Chacun doit trouver la formule qui le rassure et lui permet de se produire en public avec plaisir et non avec terreur. C'est un petit travail d'analyse à faire sur soi, qui peut prendre du temps mais qui est indispensable.

Le trac de Sara

de Audrey Alwett
Illustrations de Amélie Thiebaud

Le trac de Sara

– Tout le monde est d'accord ? demanda Madame Fontaine. Pour le spectacle de fin d'année, on prépare bien une chorégraphie ?

– OUUUAAAIS ! cria la classe avec enthousiasme, sauf Sara au dernier rang, qui murmura un tout petit « oui ».

Elle était comme ça, Sara. Elle n'aimait pas qu'on la remarque.

– Alors on va commencer par sélectionner les danseurs. Qui a déjà fait de la danse parmi vous ?

Virginie leva la main tellement vite, qu'elle faillit tomber de sa chaise.

– Moi, moi, moi ! Je fais du modern jazz depuis deux ans !

– D'accord Virginie, je t'inscris. Quelqu'un d'autre ?

Six autres filles et deux garçons levèrent le bras. La plupart avaient commencé le hip-hop cette année seulement.

Sara ne dit rien. Pourtant, elle était ballerine depuis toute petite, et cela faisait déjà deux ans qu'elle avait débuté les pointes. Tous les soirs, après l'école, elle se rendait à son cours de danse classique. Ses professeurs la trouvaient très douée, mais ils regrettaient qu'elle n'ait jamais accepté de jouer dans un spectacle. Jamais. Pourtant, ils lui auraient bien donné le premier rôle dans le ballet de son choix : *Le Corsaire*, *Le Lac des cygnes*, *Giselle*… Mais Sara refusait systématiquement. Elle était trop timide et surtout, elle était atteinte d'un terrible TRAC. Car Sara SAVAIT que si elle montait sur scène, elle s'emmêlerait les jambes comme un faon titubant et qu'elle s'écroulerait devant TOUT LE MONDE. Le public serait mort de rire et elle, elle serait morte de honte. Ce serait terrible ! Alors, elle se contentait de s'entraîner.

– Parfait. Nous avons donc onze danseurs. Maintenant, qui veut fabriquer les décors ?

– Moi, dit tout doucement Sara.

Les décors, ça allait. Personne ne la verrait et elle pourrait rester discrète.

Les répétitions commencèrent la semaine suivante.

– Un-deux-trois, on lève les bras ! Quatre-cinq-six, on tourne !

Virginie avait inventé la chorégraphie elle-même et l'apprenait aux autres élèves. Comme c'était elle qui dansait le mieux, elle s'était placée au milieu. Les autres bougeaient en V autour d'elle.

– Attention, Fabien, quand tu fais demi-tour, tu te décentres. Il faut que tu restes bien aligné !

Virginie donnait plein de conseils comme une vraie professionnelle. C'était aussi elle qui avait choisi la musique pour tout le monde, un air de Lady Britney.

Dans un coin de la salle, Sara était occupée à peindre un bout de carton. Elle regardait Virginie danser avec un petit pincement au cœur. Dans le fond, elle aurait bien aimé apprendre la chorégraphie avec eux. Mais pourquoi faire ? Pour tout abandonner le jour du spectacle ? Non, c'était impossible.

– Si seulement je n'avais pas cette saleté de trac ! songeait Sara. J'aimerais bien être aussi sûre de moi que Virginie ! J'aimerais bien faire toujours tout parfaitement, comme elle ! Et aussi, que tout le monde m'écoute sans se moquer, comme elle ! Et même, j'aimerais bien être rousse, comme elle ! En fait, j'aimerais bien être elle…

Sara était tellement fascinée par Virginie qu'elle oubliait qu'elle avait plein de qualités, elle aussi : elle avait de très beaux cheveux noirs et surtout, elle dansait merveilleusement bien, beaucoup mieux que Virginie… Mais ça, évidemment, elle ne l'avait pas remarqué.

Le groupe des danseurs répétait autant que possible : pendant les récréations, le midi à la cantine, à la sortie de l'école, etc. Autour d'eux, il y avait toujours plein d'élèves qui les regardaient avec admiration. Sara en faisait partie.

– C'est vraiment joli ! osa-t-elle dire un jour à Virginie. Je… J'aimerais bien savoir faire ce que tu fais.

– Oh, tu sais, il suffit de travailler très dur. Par contre, toi, ce ne sera jamais ton truc !

La réponse de Virginie désarçonna Sara.

– Ah bon… ? Mais… pourquoi ?

– Parce que tu ressembles à un escargot ! Quand tu marches, tu te plies sous ton cartable comme si tu voulais te cacher dedans. Vu comment tu te tiens, ça se voit que tu n'as aucun talent pour la danse ! En danse, il faut être droit et fier ! Mais ce n'est pas grave, tout le monde ne peut pas devenir danseur. Toi, ton truc, c'est peut-être plutôt le dessin, vu que tu as choisi de faire les décors.

Sur ces mots, Virginie tourna les talons et partit. Elle ne remarqua pas qu'elle avait blessé Sara et que celle-ci était devenue toute rouge.

Ce soir-là, après l'école, à son cours de danse classique, Sara rata tout. Au moment de la barre, elle fit n'importe quoi avec les grands pliés, puis, quand on passa au milieu, elle décentra toutes ses pirouettes et pour finir, la variation* fut un désastre absolu.

Le professeur n'en revenait pas : sa meilleure élève se comportait comme la plus gauche des débutantes.

– Mais enfin, Sara, qu'est-ce qui t'arrive ce soir ? C'est la première fois que je te vois rater tous tes mouvements. Et puis, redresse-toi à la fin ! Tu es toute voûtée !

Sara ne répondit pas. Elle se regardait dans le miroir qui recouvrait tout un mur de la salle, et elle pensait : « Je ne me tiens pas droite parce que je suis un escargot. En vérité, je ne suis pas douée pour la danse… »

… cours de danse
…prend souvent trois
…es : l'échauffement
…barre, le milieu
…es élèves travaillent
…s pas de danse et,
…, la variation qui
…ne chorégraphie.

Quelques semaines plus tard, vint le soir du spectacle. On avait monté une estrade sous le préau de l'école, et les parents étaient tous venus assister aux exploits de leurs chères têtes blondes. Les CP avaient déjà présenté un extrait de Peter Pan et les élèves de CE1 avaient formé une chorale qui avait été très applaudie. La classe de Sara devait faire son show à la fin. En théorie, tout était prêt.

Seulement dans les coulisses, c'était la panique ! Tout le monde courait dans tous les sens et Madame Fontaine était au bord de la crise de nerfs :

– Où est passée Virginie ? Elle était là il y a deux minutes ! C'est elle le clou du spectacle, on ne peut pas faire la chorégraphie sans elle ! Vous êtes sûrs que personne ne l'a vue ?

Derrière les rideaux, dans les toilettes... Les élèves cherchaient leur camarade partout, mais Virginie restait introuvable. Elle avait disparu.

– Comment on va faire sans elle ? se demandaient les danseurs qui avaient tous enfilé leur costume. Nous, on ne fait que danser autour d'elle, ça va être trop bizarre si elle n'est pas là !

Sara cherchait Virginie avec les autres et commençait à beaucoup s'inquiéter pour le spectacle. Si ça continuait, tout le monde se serait donné beaucoup de mal pour rien. Elle passait devant le placard à balais de l'école, quand tout d'un coup, elle entendit de minuscules sanglots.

– Est-ce que... il y a quelqu'un là-dedans ?

Elle ouvrit timidement la porte. Virginie était roulée en boule entre les seaux et versait des litres de larmes au-dessus des serpillières. Recroquevillée comme elle l'était, elle ressemblait à un escargot.

– Ben, qu'est-ce que tu fais là ? demanda Sara. Tout le monde te cherche !

– Je... Je ne peux pas... Je ne peux pas y aller !

– Mais pourquoi ? Avec tout le mal que tu t'es donné, ce n'est pas le moment d'abandonner !

– Tu… Tu ne comprends pas ! J'ai trop peur ! Je suis paralysée !

Sara s'assit à côté de Virginie :

– Je n'aurais jamais cru que tu pouvais avoir le trac, toi aussi. Tu avais l'air tellement sûre de toi ! Tu es sûre que tu ne peux pas y aller ?

– Non, je ne peux pas ! Je n'arrive même pas à me lever, j'ai les jambes en coton ! C'est horrible, comment ils vont faire sans moi ? Oh, j'ai trop honte !

Sara sentait Virginie trembler de tout son corps. Alors, soudain, tout lui sembla évident et elle prit sa décision :

– Ne t'inquiète pas. Je vais y aller à ta place.

– Mais… Tu ne connais pas la choré !

– Je me débrouillerai.

Sara se releva, bien droite, et se précipita vers son cartable dans la salle de classe. Par chance, elle avait toujours sa tenue de danse sur elle. Hop, les collants, le justaucorps et les pointes, en un rien de temps tout fut enfilé !

Pendant ce temps, Madame Fontaine poussait ses élèves sur scène :

– Tant pis, on fera sans Virginie ! Ce sera un peu bizarre, mais on aura l'air moins ridicules que si on ne fait rien du tout !

La musique résonna et les danseurs commencèrent la chorégraphie, pas très sûrs d'eux… À ce moment, Madame Fontaine vit passer près d'elle une silhouette qu'elle ne reconnut pas. C'était une magnifique ballerine, tout en rose, avec de longs cheveux bruns flottants sur les épaules.

La ballerine traversa la scène et alla se placer au milieu, tout naturellement. L'introduction instrumentale venait juste de finir, et Lady Britney commençait à chanter. On aurait dit que tout était calibré exprès.

Alors Sara improvisa. D'un coup, elle n'avait plus peur du tout. Entrechats, arabesques, déplacements sur pointes…

Il fallait qu'elle réussisse pour Virginie, pour Madame Fontaine et pour tous les autres élèves ! Pirouettes, saut de chat et grands battements… Autour d'elle, les autres danseurs étaient stupéfaits : personne n'avait jamais vu Sara comme ça. Par chance, tout le monde se souvenait de ses mouvements et la chorégraphie se déroula impeccablement, jusqu'à ce qu'enfin, on arrive à la révérence…

Ce fut un triomphe ! On applaudit pendant au moins dix minutes. Sur scène, la maîtresse vint embrasser Sara qui avait sauvé le spectacle. Dans la salle, tout le monde criait bravo.

En descendant de l'estrade, Sara vit que Virginie était sortie de son placard et l'attendait, toute rougissante.

– Je… Merci, lui dit-elle. Si tu ne m'avais pas remplacée, tout le monde m'aurait détestée.

– Non, dit Sara, c'est moi qui dois te remercier. Grâce à toi, j'ai réussi à vaincre mon trac pour la première fois de ma vie… Maintenant, je sais que j'en suis capable !

Et c'est vrai que Sara se tenait bien droite, comme une vraie danseuse. Plus jamais, on ne la comparerait à un escargot.

Marie Taglioni est une des danseuses les plus célèbres de l'époque du ballet romantique. Elle fut la première à réellement approfondir et développer la technique du travail sur pointes.

C'est elle qui dansa La Sylphide *à sa création, et sa prodigieuse technique alliée à la beauté et à la magie de la chorégraphie de son père Philippe Taglioni firent d'elle une véritable star.*

Il est vrai que son père la faisait travailler jusqu'à l'épuisement, car il voulait en faire une danseuse rare. Il s'est servi de l'incroyable longueur de ses bras pour en faire sa plus grande qualité, en inventant les positions fondamentales du ballet romantique : coudes cassés pour réduire visuellement leur longueur, ou bras croisés sur la poitrine…

Paradoxalement, c'est de ce défaut qu'est née une forme de perfection.

Marie Taglioni, tel père, telle fille

de Martine Planells

Illustrations de Alexandra Petracchi

Marie Taglioni, tel père, telle fille

Philippe Taglioni, le célèbre danseur, fait la moue. Dans son appartement du Graben à Vienne où il a fait construire un studio, il vient de donner sa première leçon de danse à Marie, sa fille.

– Tu sais, il va falloir travailler dur. La danse, ce n'est pas rose. Dans quelques temps nous verrons ce dont elle est capable, dit-il à son épouse, Sophie.

Marie soupire. Sa mère a exagéré. De Paris, où elles viennent de passer plusieurs années pendant que papa dansait dans les plus beaux théâtres d'Europe, elle a écrit de longues lettres à son mari pour lui dire que leur fille était un prodige de la danse. L'amour maternel est aveugle. Sophie est une rêveuse, elle s'enflamme vite. Elle serait tombée des nues si elle avait seulement soupçonné que Marie a souvent préféré flâner en chemin avec son amie Évelyne Fleurot au lieu d'aller comme prévu à la leçon du grand Maître Jean-François Coulon, rue Montmartre. Rusée, elle aspergeait même ses vêtements avec l'eau d'une fontaine pour faire croire qu'elle avait transpiré à grosses gouttes.

Le professeur a pourtant prévenu sa mère :

– Madame Taglioni, votre fille manque de courage. Elle n'étudie pas assez pour devenir une grande danseuse.

Sophie n'entend pas.

Seulement voilà, face à son père, Marie ne peut plus tricher. Et si elle veut danser, il lui faudra souffrir. À 18 ans, il est grand temps de s'y mettre.

En ce matin du 15 janvier 1822, Philippe Taglioni prend les choses en mains. Six heures de danse par jour, pas moins. Deux le matin, deux avant le dîner et deux avant de se coucher.

Dans une pièce voisine du studio, Sophie pleure. Son mari va tuer sa petite Marie, elle en est sûre. Dix fois, vingt fois, il lui fait recommencer :

– Petits battements tendus, battements tendus jetés, petits battements sur le cou de pied… pour chauffer les jambes.

Affolée Sophie apporte un verre d'eau à Marie. Philippe hors de lui, crie :

– Surtout pas. Boire pendant les exercices fait perdre des forces*.

Marie n'en peut plus. À la fin de la leçon, elle s'étend à terre dégoulinante de transpiration. Son cœur bat à tout rompre. Elle a envie de pleurer.

– Pleure, cela te fera du bien, lui conseille son père.

De grosses larmes coulent sur ses joues et, en effet, cela va beaucoup mieux.

l est aujourd'hui
ouvé, au contraire,
'il faut boire beaucoup
ndant l'effort !

Un peu avant la seconde leçon, Marie se regarde dans le miroir. Est-elle jolie ?

Elle n'aime pas ses yeux, trop petits. Ni son menton fuyant. Le haut du corps, ce n'est pas vraiment ça non plus. Maigre, non. Plutôt mince. Sans parler de ses bras trop longs qui la gênent. Seule la vue de ses pieds éclaire son visage.

– Petits, gracieux, je dirais que mes pieds sont « spirituels ».

La porte du studio s'ouvre. Son père la ramène à la réalité.

– À quoi rêves-tu Marie ? Il est temps de commencer la leçon.

Philippe Taglioni retrouve sa dureté et sa rigueur coutumière.

– Tiens-toi droite. Tes bras, on ne voit que ça. Voyons, croise-les sur ta poitrine, ils paraîtront moins longs. Oui, tu y es. Voilà, c'est plus harmonieux.

Son père ne la lâche pas d'une semelle :

– Maintenant monte sur la pointe et développe ta jambe droite à la seconde.

Zut, son pied vrille. Elle perd l'équilibre. Un instant, elle s'arrête les mains sur les hanches, met ses pieds en sixième, la tête penchée… Pitié ! Elle voudrait juste souffler un peu.

– Remonte sur la pointe, allez.

– Mes chaussons sont en lambeaux.

– C'est que tu ne sais pas bien les coudre. Une danseuse doit savoir repriser ses chaussons. Recommence, élève-toi, quitte la terre.

Marie enchaîne les répétitions, endure les remarques de son père sans sourciller. Sans relâche, elle danse jour après jour et ses efforts sont enfin récompensés.

Elle est prête ! C'est son père qui le dit. Au bout de cinq mois d'entraînement acharné, elle débute au théâtre de Vienne dans un petit ballet que son père a composé pour elle. Il s'intitule : *Réception d'une nymphe au temple de Terpsichore*. Elle est morte de peur. Les répétitions, les habitudes du théâtre, l'angoisse de ne pas réussir ses variations, la jalousie des autres artistes, non, décidément, elle ne s'en sent pas la force. La voix entrecoupée de sanglots, elle avoue à son père :

– Je ne suis pas prête.

Philippe Taglioni entre dans une fureur folle :

– Tu crois que je t'exposerais au public si je ne t'estimais pas en état de soutenir notre nom. Est-ce que j'ai envie de briser ton avenir ? Tu n'es pas encore au sommet de ton art, mais tu vaux bien d'autres premières danseuses de ce théâtre.

Et pour une fois, se radoucissant, il ajoute :

– Ne pense qu'à ton rôle, ne perds pas confiance et tu verras que tout ira bien.

Le jour tant attendu de la représentation arrive. En coulisses, pendant que sa mère ajuste la couronne de roses sur sa tête, elle entend son père lui souffler :

– Si on t'applaudit, fais trois révérences.

C'est à elle. La voilà en scène. Il y a bien quelques couacs. L'émotion lui fait perdre la mesure et la pauvre petite se met à improviser. Du regard, elle supplie son père qui tient le rôle de Zéphyre de l'aider. Il lui souffle :

– Continue, c'est bien.

Le public, qui n'y a vu que du feu, la rappelle dix fois. Rossini, le compositeur d'opéra italien, l'ami de la famille qui a arrangé la musique, la serre dans ses bras.

En rentrant du théâtre, Philippe Taglioni écrit dans son journal intime : « Pour la première fois que ma fille Marie a paru sur la scène, elle a obtenu le plus grand succès. »

La carrière de Marie est lancée. Elle est maintenant une danseuse reconnue et mène la vie errante des artistes.

La famille Taglioni va de ville en ville, de théâtre en théâtre.

La diligence brave les routes détrempées par la pluie, s'arrête à Munich puis à Stuttgart. Dans les théâtres où elle danse, Marie, l'enfant chérie du public, reçoit beaucoup de fleurs et de bijoux. Ce soir, dans sa chambre, elle ouvre son coffret à bijoux, y dépose une paire de bracelets en or et turquoises, puis une chaîne d'or avec nœud et croix de pierres fines.

Devant un miroir en pied, elle essaie la paire de boucles d'oreilles en diamants que les généreux roi et reine de Wurtemberg viennent de lui offrir, et glisse dans ses cheveux un peigne d'or et d'améthystes.

Toutes ces pierres qui brillent la grisent.

– Je suis riche…

Mais le reflet de ses pieds dans le miroir lui rappelle que ce sont eux, ses pieds, qui sont ses vrais diamants.

À 23 ans seulement, Marie ne court plus après les honneurs, mais il lui manque encore la reconnaissance suprême. Pour devenir célèbre, il faut conquérir Paris. L'année 1827 marque ses débuts au théâtre de la rue Le Peletier. Les envieux ne manquent pas. Et si elle supplantait les stars de l'Opéra ? Mesdemoiselles Noblet, Amélie Legallois, Julia Devarenne… Mieux vaut prendre des précautions. Ses ennemies sont capables de tout. En cachette, elle répète sa variation chez Maître Coulon.

Un abonné de l'Opéra prévient Philippe Taglioni :

– Soyez vigilant. Hier soir, on a lancé des petites billes de savon avant l'entrée en scène de votre fille. Je l'ai vu de mes yeux vu.

Déjouant tous les complots, Marie triomphe. Les critiques s'émerveillent :

« Mademoiselle Taglioni se tient sur la pointe des pieds avec un aplomb extraordinaire. »

Les spectateurs de la rue Le Peletier ne savent pas encore que le meilleur reste à venir. Le 12 mars 1832, le rideau s'ouvre sur *La Sylphide*. Son père a écrit ce ballet pour elle. Pendant les répétitions, il l'a prévenue :

– Il faut que les femmes et les jeunes filles puissent te voir danser sans rougir, que ta danse soit à la fois pleine d'austérité, de délicatesse et de goût.

Son père peut être rassuré. Avec ses yeux baissés et ses bras repliés sur sa poitrine, Marie a l'air d'un ange.

« Sylphide », elle l'est jusqu'au bout des ongles. En robe de mousseline qui fait bouffer la jupe de crèpe blanche, avec ses deux petites ailes bleues attachées dans le dos, et sa couronne de roses sur le front, elle vole. Légère sur la musique de Schneitzhoeffer, elle semble suspendue dans les airs.

Dans la salle, les spectateurs chuchotent : combien de temps est-elle restée en appui sur la pointe de son chausson de satin ? Enfin, on la voit s'élever à travers les arbres du décor.

Le rideau tombe. Les applaudissements crépitent.

Au premier rang, les danseuses tremblent de dépit de n'avoir pas porté avant Marie ce costume de gaze, de tulle, si blanc, si vaporeux, si romantique, qu'on appellera bientôt « tutu ».

Même le grand poète Victor Hugo en a les larmes aux yeux. Sur un carnet, il griffonne : « À vos ailes, à vos pieds ».

Avant de se coucher, éprouvée par tant d'émotions, Marie caresse la perruche que son père lui a donnée un jour où elle était malade. Pendant ce temps, Philippe Taglioni fait les cent pas en répétant : « La gloire, ma fille, la gloire ! »

Maintenant, tout le monde veut voir *La Sylphide*.

La famille Taglioni reprend alors la route et s'installe à Saint-Pétersbourg. Pendant que maman défait les bagages, Marie et son père vont visiter le Grand-Théâtre. Le tsar Nicolas 1er et la tsarine Alexandra Fedorovna ne ratent aucun spectacle. Son père écrit des ballets, *La Gitana*, *L'Ombre*, Marie danse. Ses portraits se vendent comme des petits pains et le prix des places passe de cinq à vingt cinq roubles. Partout où elle se produit, Marie est adulée, couverte de cadeaux. Quand elle quitte la Russie au bout de cinq ans, elle est riche et célèbre.

Pour lui prouver sa fierté, son père glisse à son doigt une de ses bagues. Elle promet :

– Jamais, je ne m'en séparerai.

Pourtant il faut danser encore et partout où on la réclame.

Et voilà Marie repartie. Du bateau, elle scrute la côte. Soudain, Stockholm apparaît. De grosses larmes roulent sur ses joues. C'est émouvant, de voir la ville où elle est née le 23 avril 1804. Ce jour-là, son grand-père Cristoff Karsten, célèbre ténor à l'esprit fantasque, avait fait un vœu pour que Marie soit chanteuse. De son côté, Philippe Taglioni avait croisé les doigts pour qu'elle perpétue la lignée de danseurs de sa famille.

Le destin a tranché. Stockholm la fête comme la plus grande Étoile de son temps.

Dans les rues les gens crient « Vive Taglioni ». Aux fenêtres, on agite des mouchoirs.

Au théâtre, le rideau se lève sur le décor de *La Sylphide*. La salle frissonne. Le rideau se ferme puis se relève. Des cintres tombe une pluie de fleurs sur ses épaules nues. Marie salue puis disparaît comme une ombre légère.

Dans ses rêves, Arielle vit dans son propre corps les histoires que sa grand-mère lui a contées.

C'est là le rôle de l'interprète : elle doit intérioriser l'histoire qu'elle raconte au point de donner au spectateur le sentiment que celle-ci se déroule devant lui pour de vrai. Pour une danseuse, la frontière entre le rêve et la réalité doit quelquefois être abolie : Giselle devient vraiment folle, Juliette meurt pour de vrai. Si l'interprète ne parvient pas à ressentir elle-même cette vérité, le spectateur non plus ne la ressentira pas, et le spectacle ne sera qu'une parodie. Si elle y parvient en revanche, le spectateur pourra rentrer dans l'histoire et l'interprète aura accompli sa mission.

L'Étoile

de Christine Féret-Fleury
Illustrations de Magali Fournier

L'Étoile

Je m'appelle Arielle Delaunay. Depuis que je suis toute petite – j'ai neuf ans – je rêve d'être, un jour, petit rat de l'Opéra.

Ma mère et ma grand-mère l'ont été avant moi. Ma mère est devenue professeur quand elle s'est mariée. Et ma grand-mère a gravi presque tous les échelons du corps de ballet, coryphée, petit sujet, grand sujet, pour devenir première danseuse.

– Je n'avais pas l'étoffe d'une Étoile, m'a-t-elle souvent dit, mais je ne regrette rien. J'ai eu une vie passionnante !

J'adore l'entendre me raconter des histoires du temps où elle dansait sur scène. Mais ce que je préfère, ce sont les anecdotes sur sa vie de petit rat, à Paris. Les escapades avec ses amies dans les

souterrains du Palais Garnier, dans les cintres et même sur les toits ! Ma grand-mère a eu la chance de pouvoir observer, depuis les coulisses, les danseuses les plus célèbres de l'époque : Yvette Chauviré, Claude Bessy et surtout Liane Daydé, son idole.

– Elle était tellement belle ! soupire-t-elle, le regard rêveur, à chaque fois qu'elle m'en parle. J'ai eu la chance d'être là le soir la création de *Blanche-Neige*; c'était un enchantement.

Puis elle se délecte à me décrire le ballet dans les moindres détails, si bien que j'ai l'impression d'y être. Et je me laisse alors aller à rêver que je suis un petit rat de l'époque de ma grand-mère.

Dans ma chambre, j'ai d'ailleurs collé aux murs toutes les photos de Liane Daydé que j'ai pu trouver sur internet : il y en a une où elle porte le costume de Giselle et une autre où elle danse le pas de deux du cygne noir dans *Le Lac des cygnes*. On voit bien qu'elle cherche à séduire le prince.

À force d'écouter les belles histoires de ma grand-mère, il m'est arrivé une aventure incroyable que je dois vous raconter. Je dormais profondément quand, tout à coup, une sonnerie de réveil me fit sursauter. Quel drôle de bruit ! Une sorte de grelottement métallique, très désagréable. J'ouvre un œil. Sur la table de nuit, à la place du boîtier noir qui affiche l'heure en chiffres rouges, un cadran tout rond avec deux aiguilles. Autour de moi, ma chambre a changé aussi : mon armoire et mon bureau ne sont plus à la même place. Et mes photos de Liane Daydé ont disparu !

Tout à coup, la porte s'ouvre, et maman entre.

– Encore au lit, Arielle ! Tu vas être en retard à l'Opéra !

À l'Opéra ? Je ne comprends pas... Sur ma chaise, des vêtements sont pliés : une jupe bouffante, un chemisier blanc avec un col rond, des chaussettes blanches aussi et des souliers bleu marine à brides... Maman a perdu la tête ! Je ne vais pas mettre ça ! Tout le monde va se moquer de moi !

J'ouvre l'armoire. Où sont passés mes jeans ? Il n'y a que des robes…

Je m'habille vite car maman me presse. Le petit-déjeuner m'attend sur la table de la cuisine : deux tartines beurrées et un bol de chocolat. En me voyant, maman se met à rire.

– Tu ne t'es pas coiffée ! Je crois vraiment que tu dors encore !

Et, pendant que je mange, elle me brosse les cheveux et les relève en queue de cheval, très haut sur le crâne, qu'elle fixe avec un gros nœud de ruban blanc. Je dois avoir l'air d'une cruche !

Dans la rue, toutes les filles sont habillées comme moi : manteaux à col de fourrure, bonnets tricotés à la main. Elles ont des cartables en cuir. Moi, j'ai en plus un gros sac écossais qui contient mes affaires de danse. Maman le porte ; elle me tient la main aussi. Nous contournons l'Opéra. Devant une petite porte, un concierge à l'air sévère réprimande les retardataires :

– Allez, allez, mesdemoiselles ! Il est plus de huit heures !

Je monte un escalier étroit, le cœur battant. Les autres me dépassent en riant. Nous entrons dans une immense pièce où tous les murs sont couverts de casiers et de portemanteaux. Où sont les miens ? Comme j'hésite, une grande fille me bouscule :

– Tu rêves, Arielle?

Et elle désigne le casier à côté du sien. Ouf ! Sauvée !

La tenue est presque la même que celle que je porte pour aller au cours de danse, sauf que la tunique est blanche, ainsi que le cache-cœur et le bandeau que presque toutes arborent sur leurs chignons impeccables. La porte s'ouvre et une surveillante apparaît : elle frappe dans ses mains et le silence s'établit aussitôt.

En rang, nous montons un autre escalier, puis un autre, puis un autre encore. Une porte s'ouvre. Le soleil m'éblouit. Il entre à flots dans la salle, par un énorme œil-de-bœuf d'où on découvre… tout Paris. Une mer de toits gris, la trace bien droite de l'avenue de l'Opéra, des voitures semblables à des jouets.

Et la leçon commence. Une dame en robe noire, avec des lunettes, s'assied derrière le piano et plaque un accord. Le professeur se tient à côté. Elle n'est pas en tenue de danse, sauf les chaussons; elle porte un tailleur et un drôle de turban, avec des boucles d'oreilles. Elle a aussi un drôle d'accent, un accent russe !

La barre. Les cinq positions. Plié, tendu, dégagé, relevé. Ouvrir, ouvrir encore et toujours ! Et un et deux et trois et quatre. Ronds de jambes. Grands pliés, cambrés. Frappés, battements. Développés. Port de bras. Le professeur tient une longue baguette avec laquelle elle touche là une épaule, là un dos, là un mollet. « Droite, droite ! Rentre le ventre ! » Et un et deux et trois et quatre.

Je connais tout cela, mais aujourd'hui, c'est comme une première leçon. Tout a un goût de neuf.

C'est aussi plus difficile. La dame au turban est exigeante. Elle ne laisse rien passer. Les mouvements escamotés, parce qu'ils tirent sur les muscles, sont répétés, encore et encore.

Et un et deux et trois et quatre.

Une pause. Je vois les autres filles changer de chaussons. Elles font déjà des pointes ! Je regarde ma voisine nouer les rubans de satin rose autour de ses chevilles, et je l'imite du mieux possible. Près de la porte, il y a un bac rempli de colophane : nous y posons nos semelles avant de retourner à la barre.

Les exercices préliminaires aux pointes, je les connais. En théorie. Se placer face à la barre, plié, relevé sur demi-pointes, puis sur pointes. Mais je ne l'ai jamais fait (en cours… car en cachette, je me suis un peu entraînée avec les chaussons que grand-mère m'a offerts à Noël !).

– Delaunay !

Aïe. Le professeur fonce vers moi. Va-t-elle me renvoyer ? Non, elle se contente de me tenir par les épaules, pour me forcer à rapprocher mes omoplates.

– Voilà, c'est mieux. Et poussez vos talons, mesdemoiselles, pour tenir l'en-dehors !

Après la barre, nous devons exécuter une courte variation, trois par trois. Là, je tremble. Je me sens comme une trapéziste qui va s'élancer sans filet.

Je regarde les autres. La danse sur pointes, c'est magique : elles ont l'air de voler. De grands oiseaux blancs et gracieux.

Moi, je vais m'étaler comme un éléphant…

C'est à moi ! Je laisse les deux autres filles passer devant moi, sans les lâcher du regard. C'est difficile de garder l'équilibre quand tout le poids du corps repose sur une si petite surface ! Je me rends compte très vite que le mouvement aide, la vitesse acquise aussi. Je rate le dernier déboulé, mais pour le reste, j'ai assuré à peu près. J'ai dansé sur pointes pour la première fois !

– Tu n'es pas très en forme, aujourd'hui, me dit le professeur en roulant les « r ». Nous allons recommencer…

Heureusement pour moi, une sonnerie retentit à cet instant. Fin de la leçon.

Révérence.

« Joliment… petit battement… restez ! C'est très bien, mes enfants… »

La journée passe très vite, trop vite. Après l'étude, à six heures, tout le monde s'habille pour partir, sauf trois filles qui restent assises dans un coin du vestiaire. Je boutonne mon manteau quand la surveillante me hèle :

– Dis donc, Delaunay ! Tu as oublié la représentation de ce soir ? Enlève ça et va t'asseoir !

J'obéis, très excitée. Une représentation ! J'ai hâte de savoir. Ma voisine, qui s'appelle Bernadette, bavarde sans arrêt : en l'écoutant, j'apprends qu'aujourd'hui a lieu la première du ballet *Blanche-Neige*. Et que nous y figurerons, déguisées en lapins et en écureuils, dans la scène où Blanche-Neige se réveille au milieu de la forêt des sept nains. Le chorégraphe Serge Lifar dansera le rôle du chasseur, et celui de Blanche-Neige… J'ai déjà deviné.

Je n'ose pas en croire mes oreilles. Je vais voir danser Liane Daydé !

La surveillante nous accompagne dans la loge. Une longue table surmontée de miroirs et de lampes rondes, des bancs, des patères. Dans un coin, sur un portant, nos costumes. Je serai un écureuil, avec un masque : pas de maquillage ce soir.

– Et tant mieux, s'exclame Bernadette, je n'aime pas ça, ça chatouille !

– Oui, mais sous les masques, on va mourir de chaud, dit une autre fille.

Sitôt costumées, au trot, dans les couloirs ! Tout au bout, il y a la scène… Un flot de musique déferle sur moi. En coulisses, beaucoup de monde… mais je ne vois qu'Elle.

Son tutu à corselet bleu nuit contraste avec la pâleur de sa peau. « Blanche, blanche comme la neige… » Juchée sur ses pointes, elle file d'un bout à l'autre du plateau, accueillant des oiseaux de plumes et de fils d'or qui viennent se poser sur ses bras. Une suite étourdissante de petits pas vifs, de pirouettes et de sauts de chat.

C'est à nous ! J'entends encore la voix de ma grand-mère racontant cette soirée inoubliable : « Nous devions courir jusqu'à un buisson de carton, puis reculer comme si nous étions effrayées… Alors Blanche-Neige s'approchait de nous en dansant et nous caressait la tête. Et nous la suivions, apprivoisées. »

Je fais mes premiers pas sur la scène de l'Opéra de Paris ! La salle est un gouffre sombre, que je n'ose pas regarder. Vite, le faux buisson, où chaque feuille est peinte ! Je me retourne…

Elle danse vers nous, et on dirait qu'elle ne touche pas terre. Elle nous regarde, souriante. Sur son visage fardé, aucun signe de l'effort qu'elle doit fournir pour enchaîner ces pas, ces merveilleuses élévations, ces sauts aériens. « Le sommet de l'art, c'est de tout faire paraître facile », dit souvent mon professeur.

Aujourd'hui, je comprends.

La main de Blanche-Neige touche ma tête. « Petit écureuil, viens avec moi ! semble-t-elle me dire. Viens avec moi au royaume enchanté de la danse ! »

À travers les trous de mon masque, je croise son regard… et soudain, les lumières de la scène se mettent à tournoyer follement.

Éblouie, je fais quelques pas, en trébuchant, et je tombe – une chute lente, douce, interminable…

Tout à coup, j'entends crier dans le public :

– Arielle ! Réveille-toi ! Réveille-toi !

Je commence à comprendre… Doucement, j'émerge d'un rêve qui m'a transportée dans le passé.

J'ouvre les yeux pour découvrir ma grand-mère penchée sur moi. C'est sa vie de petit rat que je viens de vivre.

– Tu as oublié de régler ton réveil… petite marmotte ! Tu vas être en retard !

Ma chambre est de nouveau ma chambre. Sur la chaise, devant mon bureau, mon jean est roulé en boule, comme je l'ai laissé hier soir… Hier soir ? Ou il y a très longtemps ? Je ne sais plus.

Je chuchote :

– J'ai vu l'Étoile. Je l'ai vue.

Et je lui souris. Grâce à elle, j'ai réalisé un rêve, mon rêve…

C'est avec beaucoup d'émotion que j'ai lu ce texte car je connais bien le danseur qui a inspiré cette histoire. L'école de danse de l'Opéra se doit d'être prévoyante, et honnête avec les élèves. Déceler un problème, quel qu'il soit, dès le plus jeune âge permet de ne pas donner de faux espoirs et de diriger l'élève vers une voie qui lui conviendra. Mais en matière de croissance, chaque enfant va à son rythme !

J'ai vécu un peu la même chose que le beau petit danseur, sauf que moi j'étais… trop grande ! J'avais une boule au ventre en permanence lorsque j'étais à l'école de danse : pour les spectacles de fin d'année, les costumes étaient toujours trop petits pour moi ! Lorsque l'on n'est pas dans la norme, il faut travailler encore plus que les autres car la seule chose qui vous sauve est d'être incontestablement le (ou la) meilleur(e) : c'est ce qui m'a permis de conquérir ma place dans le monde de la danse. C'est parfois épuisant car il faut se remettre en question à chaque production et prouver que l'on est à sa place en permanence lorsque l'on a une taille extrême… mais la réussite est d'autant plus gratifiante !

Le Ballet de l'Opéra de Paris est une très grande compagnie, en qualité et en effectif. Ce théâtre se doit d'avoir un corps de ballet homogène, mais se permet aussi d'avoir des personnalités très différentes en tailles et en styles. C'est peut-être ce qui fait la grande richesse de cette compagnie !

Agnès Letestu

Le beau petit danseur

de Martine Planells

Illustrations de Amélie Thiebaud

Le beau petit danseur

C'est par une belle journée d'hiver que Yannick fait ses premiers pas dans la capitale, accompagné de son père. Sur les immeubles autour de la gare de Lyon, il regarde, fasciné, les néons qui clignotent. À tout juste 10 ans, il a décidé qu'il serait danseur. Hier, ils ont quitté la ville d'Annecy où ils habitent et ont pris le train de nuit pour venir passer l'audition d'entrée au stage de l'École de danse de l'Opéra de Paris.

Que de monde ! Il y a au moins sept cents garçons qui, comme lui, attendent dans la cour arrière de l'Opéra Garnier.

La tension monte, et, dans la précipitation, il a oublié de dire au revoir à papa qui, d'un petit signe de la main, lui dit : « courage Yannick ». C'est impressionnant. Il ne sait pas très bien dans quelle salle il se trouve, mais il entend la surveillante, Madame Martin, hurler avec un accent pointu.

– Trop petit celui-là, mais je l'envoie quand même.

Dans la salle voisine, deux professeurs lui demandent de faire un plié à la seconde. Satisfaites, elles lui indiquent d'aller en classe E. Timide, il attend dans un coin sans bouger. Les autres s'échauffent, font des pirouettes. Ils ont l'air tellement doués !

Enfin, avec ceux qui ont passé les deux premières éliminatoires, il se retrouve en classe B et, comme les autres, il porte un tee-shirt et un maillot de bain pour que les membres du jury puissent bien voir le travail des jambes. Le cours fini, les petits danseurs se retrouvent tous dans la cour. L'attente lui paraît interminable. Même s'il sait qu'il a fait de son mieux, il n'arrive pas à évacuer l'angoisse des auditions. Soudain, la surveillante apparaît, une liste à la main qu'elle accroche sur le

panneau central. C'est la bousculade. Son père le hisse alors sur ses épaules et s'écrie :

– Ta mère ne va pas y croire !

Yannick comprend qu'il est admis en stage à l'École de Danse de l'Opéra.

Une nouvelle vie commence. Le foyer, rue Jules Lefèvre dans le 9e arrondissement, n'est rien d'autre qu'un grand appartement. Il partage sa chambre avec trois autres danseurs et doit renoncer à toute intimité. Et puis il y a Madame Lacour, la surveillante, qui est sévère, mais il l'aime bien. Même loin de sa famille, Yannick est heureux car il danse.

Trois mois passent et l'annonce, à la fin du stage, de son engagement à l'École de danse lui fait pousser des cris de joie. Sur les trente stagiaires, ils sont onze à être admis.

Tout lui semble merveilleux. D'abord, le petit-déjeuner pris dans la grande cuisine vieillotte. Puis le parcours chaque matin, en rang deux par deux sur le chemin, qui passe par la rue de

Clichy et la rue de Mogador jusqu'à l'Opéra. Il hume encore le charme désuet des salles de classe où il réapprend toutes les bases de la danse classique.

– Plié en première position et… grand plié…

Quelquefois, dans le grand couloir, par la porte entrebâillée, il entrevoit les répétitions des Étoiles, et il rêve.

Un jour, comme eux, il sera Étoile, et comme eux, il portera les collants multicolores que l'Étoile Michaël Denard tricote pendant les pauses. Ils sont très à la mode chez les danseurs.

À l'école, tout se passe bien. Il grimpe les divisions, sixième, cinquième, quatrième sans difficulté. Tout semble lui sourire. Mais un jour, branle-bas de combat, un déménagement est prévu. La nouvelle est tombée d'un coup. L'École de danse s'installe à Nanterre. C'est beau, c'est propre, c'est grand. Fini la poussière de Garnier, les allers-retours entre le foyer et l'Opéra. Vive l'espace et le tout sur place, les cours de danse, l'École tout court avec maths et français, l'internat, la cafétéria.

Malgré l'enthousiasme de la directrice et des professeurs, il n'arrive pas à se réjouir. Et puis ce n'est pas tout; depuis quelque temps, on l'appelle le petit Yannick, pour ne pas le confondre avec un autre Yannick qui est beaucoup plus grand que lui. Tiens, il ne s'en était pas aperçu, mais c'est vrai, depuis trois ans, il n'a pas pris un centimètre. Mais il est mignon quand même. C'est son amie, la jolie Aurélia qui le dit. Après le cours, quand il a mal au dos, elle lui masse les épaules. Tous les deux, ils se racontent plein de choses. Et pour tout avouer, il est follement amoureux d'elle. Dès qu'il la voit, son cœur bat la chamade, ses mains se glacent. Il n'attend qu'une chose, qu'elle lui dise : « Je t'aime ».

Ce soir, il a une boule dans le ventre, un voile devant les yeux. Aurélia s'est confiée à lui :

– Ne le dis à personne, mon petit Yannick, mais Alexis m'a embrassée. Tu sais, ce garçon grand, blond, de seconde division. À toi qui est comme mon petit frère, je peux le raconter.

C'en est vraiment trop pour lui, sans compter la pression qui est vraiment difficile à supporter.

– Tiens le coup, ne pleure pas, danse.

Elle en a de bonnes, maman. Ce matin, on l'a passé sous la toise. Il n'a pas grandi. Personne n'a fait de commentaire, mais il n'est pas distribué dans *Daphnis et Chloé*, le spectacle de l'École que les élèves présentent en mars à l'Opéra Garnier.

Dans ces conditions, pas étonnant qu'il redouble sa 3e division. À la rentrée, le voilà à nouveau face au même professeur, Julien Duroy. Dès que celui-ci lui fait une remarque, qu'elle soit justifiée ou pas, il fait la tête ou, d'un revers de main, cogne contre la barre.

Lui, le garçon aux grands yeux gris-vert, devient facilement irritable, râle à tout propos et s'il n'y avait que cela…

Au spectacle, cette année, dans *Concerto en Ré*, on le fait danser avec la 4e division.

– Pourquoi ?

– Tu es trop petit, tu ne peux pas danser avec ta division.

Yannick ravale son orgueil et danse. C'est vrai qu'en regardant une photo de lui, il a plutôt l'air d'un garçon de 12 ans que d'un garçon de 15 ans. Maman dit qu'il a une belle petite tête et que c'est ce qui compte.

Elle a raison, maman. D'autant plus que, bonne nouvelle, pour fêter le bicentenaire de la Révolution Française, l'École se produit au Grand Palais dans un ballet baptisé pour l'occasion *Bleu, Blanc, Rouge*. Dans son rôle, Yannick y va à fond.

Le spectacle est un franc succès et les élèves, toutes divisions confondues, goûtent quelques jours d'un repos bien mérité. Et puis, la nouvelle tant attendue tombe : les résultats sont affichés. C'est en toute confiance que Yannick s'approche du panneau. D'un mouvement rapide, il cherche son nom sur la liste. Il la relit plusieurs fois, se pince pour sortir de cet horrible cauchemar… Non, ce n'est pas possible, il doit y avoir une erreur. À côté de son nom, est écrit en toutes lettres : Exclu de l'École de danse. Yannick se met à trembler, hurle, se roule par terre. Une vraie crise de nerfs. Ses parents, qui avaient fait le déplacement pour l'occasion, ne savent plus quoi faire. Affolés et impuissants, ils assistent à la scène sans trouver les mots pour le réconforter.

– Tu es beau mon fils, ils sont bêtes, tu es un artiste.

Aurélia tente de le calmer.

– Ce n'est pas grave. Il y a d'autres choses dans la vie que la danse.

Mais qu'elle se taise celle-là ! Même elle, elle n'a rien compris. Non, il n'y a rien dans la vie de Yannick qui compte plus que la danse classique.

Quelques jours plus tard, la directrice qui n'est pas aussi inhumaine qu'on le croit et qui l'aime bien, au fond, ce Yannick qui joue les rebelles, le reçoit dans son bureau.

– Mais pourquoi ? ose-t-il demander.

– Écoute, Yannick, tu es trop petit. Tu ne pourras jamais entrer dans le Ballet de l'Opéra à cause de ta taille. Il vaut mieux que tu penses à autre chose dès maintenant.

Est-ce parce que Yannick ne dit rien et que ses beaux yeux gris-vert sont pleins de larmes, ou peut-être aussi parce qu'elle l'aime bien que la directrice ajoute :

– Je peux te proposer de revenir en septembre comme auditeur libre, mais toujours en troisième division.

Autant dire qu'elle lui donne un sursis.

Les vacances en Bretagne sont les plus longues de sa vie. Au programme, mélancolie, mélancolie et mélancolie… Cette histoire de taille contre laquelle il ne peut rien ne va quand même pas lui gâcher son avenir ! C'est sûr, il y a des problèmes plus graves dans la vie. Une chose est certaine, Yannick n'abandonnera pas la danse. Bien sûr, il doit renoncer à s'imaginer en prince du ballet classique. Mais la danse contemporaine, ce n'est pas si mal après tout.

Petit à petit, Yannick mûrit, et commence à s'habituer à cette idée. Il ne sera pas danseur Étoile, mais il dansera !

L'été passe. C'est la rentrée…

En le voyant, la surveillante, Madame Martin en est presque tombée à la renverse. Quelque chose a changé chez Yannick. On dirait qu'il a grandi…

– Quoi ? C'est toi Yannick ?

On l'examine sous toutes les coutures, on le met sous la toise et l'infirmière de l'école annonce :

– Tu as pris quinze centimètres !

Comme la vie est drôle. Maintenant, il n'est plus inquiet pour son sort. Il n'a pas été renvoyé de l'École et ce matin, il a même réussi l'examen d'entrée dans le corps de Ballet de l'Opéra de Paris.

Yannick réalise que son rêve est en train de devenir réalité. Perdu dans ses pensées, il aperçoit au loin la longue et fine Aurélia qui, de son côté n'a pas perdu de temps et a grimpé les échelons du Ballet à toute vitesse. Dès qu'elle le voit, elle l'embrasse sur les deux joues.

– Félicitations. Je viens d'apprendre que tu es engagé dans le Ballet. C'est formidable ! Comme tu as changé. Tu mesures combien ?

– Un mètre quatre vingt quatre.

– Ah, enfin, je vais pouvoir avoir un partenaire à ma taille.

Tout en la regardant partir et traverser la cour de l'Opéra Garnier, Yannick ne peut pas s'empêcher de sourire en pensant :

– Finalement, il ne faut jamais cesser de croire…

J'ai toujours ressenti une étrange sensation en présence de poupées, et plus encore de mannequins. Enfant, ils me fascinaient. Je pouvais leur parler en ayant l'impression qu'ils avaient une opinion… Ils représentaient également, pour moi, une forme de perfection anatomique, à la fois magnifique et inquiétante.

Plus tard, pour exposer les costumes que je concevais pour le ballet, j'habillais des mannequins et les entreposais dans ma loge de danseuse à l'Opéra. Chaque fois que j'entrais dans cette loge, j'avais l'impression de surprendre des gens qui s'étaient arrêtés de bouger en entendant la porte s'ouvrir… Il me semblait aussi un court instant qu'ils avaient bougé. Cela m'a d'ailleurs inspiré une installation de costumes animés pour une exposition, où des danseurs mélangés à des mannequins créaient le trouble entre l'immobilité et le mouvement quasi-imperceptible…

Le mythe de Frankenstein, voulant donner vie à une poupée parfaite, n'a pas fini d'inspirer et de fasciner les créateurs.

Agnès Letestu

La leçon de Coppélia

de Christine Féret-Fleury

Illustrations de Magali Fournier

La leçon de Coppélia

Aujourd'hui est un jour à marquer d'une pierre blanche dans ma jeune carrière de petit rat : Je viens d'être choisi pour figurer dans le ballet *Coppélia* qui se dansera sur la scène de l'Opéra de Paris. Bon d'accord, je ne serai que remplaçant. Mais aux répétitions, tout le monde sera là pour travailler les mouvements d'ensemble sur le plateau et suivre les instructions du chorégraphe. Et puis surtout, ce ballet est tellement magique…

Tout commence avec Coppélius, un mystérieux fabricant de jouets, qui un jour, installe à sa fenêtre l'une de ses dernières créations : une magnifique poupée mécanique baptisée Coppélia. Elle semble tellement réelle que ceux qui la voient pensent qu'il s'agit d'une belle jeune fille aux yeux d'émail. Sa beauté est si exceptionnelle qu'elle en séduit plus d'un, dont Franz, le fiancé de Swanilda qui l'entrevoit par la fenêtre.

Un jour, Swanilda surprend le regard éploré de son amoureux pour la belle inconnue. Folle de jalousie, elle s'introduit dans l'atelier de Coppélius pour voir cette femme de plus près. Mais une fois sur place, elle comprend vite que Coppélia n'est qu'un automate. Plus de peur que de mal. Elle décide alors de jouer un tour à son fiancé. Elle se cache derrière un rideau et entend par hasard une discussion houleuse entre son fiancé, Franz, et le vieux marchand de jouets. Ce dernier, fou de rage, tente dans un premier temps de chasser ce visiteur importun. Mais lorsqu'il comprend que Franz est amoureux de sa poupée mécanique, il change d'attitude. Il devient chaleureux et hospitalier allant même jusqu'à lui offrir du vin dans lequel il verse discrètement un somnifère.

Le perfide marchand de jouets a un plan diabolique en tête. Il a l'intention de donner vie à Coppélia en lui transférant l'âme de

Franz. Swanilda, n'écoutant que son cœur, prend la place de la poupée qui se met à s'animer. Le vieil homme n'en croit pas ses yeux : la magie a opéré. Mais après quelques danses enjouées, il prend peur car la poupée se rebelle et se met à tout casser avant de s'enfuir avec Franz, son fiancé, qu'elle épousera plus tard à la fête du village.

C'est là que nous intervenons, nous les petits rats : un groupe de filles porte un bouquet à Swanilda, un groupe de garçons traverse le plateau en courant et en attrapant les rubans des filles… Ça n'a l'air de rien, mais c'est très difficile de courir en rythme avec la musique. Presque plus difficile que de danser vraiment.

Deux représentations sur trois, c'est le « titulaire » qui est en scène pour tirer les cheveux des filles et courir en riant, comme s'il traversait la place d'un vrai village, au milieu d'une vraie fête.

Dans ces moments-là, je me contente de veiller à ce que personne ne bouscule le mannequin, Coppélia. Je reste à côté d'elle, je la protège. Comme c'est un peu long, je lui parle aussi. Petit à petit, j'en suis même venu à lui confier mes rêves et mes doutes.

Et puis, un jour… Je ne la regardais pas vraiment. J'écoutais la musique d'une oreille, et je monologuais.

– Tu sais, Coppélia, lui disais-je, j'adore cette ambiance. Les costumes, les décors, on est en plein rêve… Mais j'ai un peu l'impression de vivre dans une bulle. Et le monde, le vrai monde, est dehors. Comment savoir si j'aimerai la danse toute ma vie ? Comment savoir si je ne me trompe pas de vocation ?

Elle n'a pas répondu, bien sûr, mais, comment expliquer cela ? Son silence a changé. J'ai eu l'impression, tout à coup, que ses yeux d'émail étaient vraiment posés sur moi.

J'ai tourné la tête. Et je me suis figé.

Elle avait changé de position. J'en étais sûr. Je l'avais installée comme d'habitude, bien rigide et les bras levés comme si elle tenait encore son livre, à la fenêtre de Coppélius. Mais son visage avait dévié vers moi, et l'une de ses mains était retombée.

Intrigué, je me suis rapproché d'elle.

Lentement, très lentement, sa main encore levée s'est abaissée. Elle a frôlé mes cheveux. J'aurais juré que ses doigts étaient chauds, vivants !

Elle a arrondi ses bras au-dessus de sa tête, pointé un pied.

J'ai reculé, mais son regard me suivait. Ce qu'elle me disait était limpide : « Danse avec moi. »

Je me suis pincé. J'avais dû m'endormir, ou bien j'étais devenu fou, que sais-je ? Il n'y avait pas d'autre explication. Mais Coppélia s'animait, et pour de bon, cette fois. Ce n'était pas une autre danseuse qui avait emprunté son costume pour faire une blague… Ses bras de cire, si lisses, devenaient chair vivante. Un léger sourire naissait sur ses lèvres. Elle est montée sur ses pointes et s'est approchée de moi, légère comme un cygne.

Ainsi a débuté mon pas de deux avec la fille aux yeux d'émail. J'avais déjà dansé avec d'autres élèves, pendant nos cours à l'École, mais là, c'était différent : Coppélia ne pesait pas plus qu'une plume, malgré sa taille. Pour les pirouettes, elle ne se contentait pas, comme certaines filles, de se mettre en retiré et d'attendre que je la fasse tourner; pour les portés, elle donnait un élan fabuleux. Légèreté, puissance… qui portait l'autre ?

La taille que je tenais entre mes mains, elle aussi, avait la chaleur de la vie.

Et quand ma partenaire s'étirait en arabesque, le bout de ses doigts et la pointe de ses chaussons semblaient relier le ciel et la terre.

L'espace, dans les coulisses, était réduit. Pourtant, j'avais l'impression de parcourir, sans effort, d'immenses distances. Le décor autour de nous s'était estompé : étions-nous dans une forêt ? Dans un palais de cristal, noyés dans l'éclat des lustres ? Les gestes de Coppélia dessinaient des arches, des colonnes, des jets d'eau, des flammes bondissantes. Sous ses pointes de satin blanc, d'étranges fougères jaillissaient du sol et s'évanouissaient aussitôt. Quand elle ouvrait la main, des oiseaux s'envolaient en tournoyant. Et moi... je n'étais plus moi non plus.

Corps de cire, corps de fille, corps de garçon, cela n'avait plus d'importance, nous nous en étions évadés, ensemble.

Je ne sais pas combien de temps cela a duré, combien de temps nous avons dansé, baignés de musique, ne sentant plus l'effort, en état de grâce. Je n'avais plus besoin de penser, de me questionner. Tous mes doutes s'étaient envolés. Je dansais. Avec elle.

C'était magique...

Et puis, j'ai entendu des applaudissements. J'ai cru qu'ils s'adressaient à nous, et d'instinct, j'ai salué. Un rire a éclaté dans mon dos. La répétition était terminée et les danseurs regagnaient les vestiaires.

– Elle a bougé, ai-je balbutié. Nous avons...

Non, je ne pouvais pas révéler ce qui venait de se passer. Ils ne me croiraient pas. Je sentais bien le ridicule de la situation et je m'empressais d'ajouter :

– J'allais justement la porter jusqu'à la réserve.

Là, le titulaire a, à nouveau, explosé de rire.

– Toi aussi, tu es amoureux d'elle ?

– C'est ça, ai-je répondu avec un sourire un peu crispé, histoire de montrer que j'appréciais la blague.

J'ai pris la grande poupée dans mes bras, et, avec beaucoup de douceur, je l'ai transportée jusqu'à l'espèce de placard où elle attendrait la prochaine représentation. Mais, avant de refermer la porte sur le regard d'émail toujours aussi fixe et brillant, j'ai murmuré :

– Merci, Coppélia.

Je suis encore un petit rat. Je sais que la route vers les étoiles sera longue et semée d'embûches, mais une chose est sûre, jamais je n'oublierai cet instant magique.